就実大学　グローカルブック

グローバル化の新局面とわが国の対応

就実大学　経営学部　編

GLOCAL BOOK

グローバル化の新局面とわが国の対応

就実大学経営学部編

本書は、２０１７年７月８日（土）、就実大学１１０周年記念ホール（S館１０２）で開催された就実グローカル・フォーラム２０１７「グローバル化の新局面とわが国の対応」を収録しています。

グローバル化の新局面とわが国の対応

目次

開会の辞…………5
杉山慎策（就実大学副学長兼経営学部学部長）
基調講演1　グローバリズムの危機～一つの楽観的観点から～
"The Crisis of Liberalism - An Optimistic View."…………7
ビル・エモット（元エコノミスト誌編集長・就実大学客員教授）
基調講演2　米国トランプ政権の課題とグローバル社会を変えるイノベーション…………25
小野誠英（株式会社三菱総合研究所常勤顧問）
基調講演3　欧州に見るグローバル化が生んだ反グローバル化の潮流…………45
田口雅弘（岡山大学大学院社会文化科学研究科教授）
パネルディスカッション　反グローバル化にどう向き合うか…………65
ビル・エモット（就実大学客員教授）
小野誠英（株式会社三菱総合研究所常勤顧問）
田口雅弘（岡山大学大学院社会文化科学研究科教授）
総合司会　杉山慎策（就実大学副学長・経営学部学部長）
閉会の辞…………97
谷口憲治（就実大学経営学部経営学科長）

開会の辞

就実大学副学長兼経営学部学部長　杉山　慎策

皆さん、こんにちは。お忙しいなかをお集まりいただきまして、ありがとうございます。就実大学に経営学部ができまして、今年でちょうど4年目になり、完成年度を迎えることになります。この間、就実大学の客員教授でありますビル・エモット先生には毎年お越しいただいて、このグローカル・フォーラムというものを開催いたしております。

本日はこのビル・エモット先生に加え、岡山大学で教授をされている田口先生と、現在は三菱総研の常勤顧問をされておられますが、その前にアメリカの三菱商事に長くおられて、その後に三菱総合研究所に移られた小野先生のお二人をお招きしております。田口先生からは特にヨーロッパの観点から、そして小野先生にはアメリカの観点からお話ししていただきたいと思っています。

冒頭はエモット先生の基調講演がございまして、いま世界が大激変を迎えていて、その中でいったいどういう視点を持って考えていけばいいのかということについて、このフォーラムが少しでも参考になればと考えております。3人の素晴らしい方たちですので、ぜひしっかりと学んでいただけたらと思っています。

今後ともこのようなグローカル・フォーラムを継続して参りたいと思いますので、引き続きご支援を賜りますようよろしくお願い申し上げます。

冒頭の開会のあいさつに代えさせていただきます。本日はどうぞよろしくお願い致します。

基調講演1
グローバリズムの危機〜一つの楽観的観点から〜

ビル・エモット（就実大学客員教授）

ビル・エモット

元エコノミスト誌編集長・就実大学経営学部経営学科客員教授

1956年イギリス生まれ。80年に英エコノミスト誌ブリュッセル支局に参加。ロンドンでの同誌経済担当記者を経て83年に来日。東京支局長としてアジアを担当。86年に金融担当部長として帰国。その後ビジネス部門編集長となり、1993~2006年、同誌編集長を務める。1989年、日本のバブル崩壊を予測した『日はまた沈む』がベストセラーに。2006年には日本の経済復活を宣言した『日はまた昇る』が再び話題となる。2016年4月旭日中綬章受章。

【著書】『日はまた沈む』(1989)、『日はまた昇る』(2006)、『アジア三国志』(2008)、『西洋の終わり : 世界の繁栄を取り戻すために』(近刊 : 日本経済新聞社)他多数

皆さま、こんにちは。お忙しい中、ご参加くださいましてありがとうございます。私は、こちらの就実大学で客員教授をしておりますことを大変光栄に思っております。そして、本日は、学生の皆さま、そしてフォーラムに来られた皆さまにお会いできましたことを大変うれしく思っております。

本日のディスカッションのテーマは、「グローバリゼーションの次の段階」です。このようなトピックスはすべての企業、国家にとって重要なものですが、特にこれから大学を卒業して社会に出る次の世代の学生にとっては、特に重要なものです。皆さん、私たちも世界に対して楽観的であった方が良いのでしょうか。このフォーラム自体のタイトルが、すでに楽観的なものになっています。グローバリゼーションの次の段階を問うということ自体が、すでにそういう前提を置いていることになります。その前提とは、グローバリゼーションが継続する、したがって、次の段階があるというものです。この前提が正しいと証明されることを期待し、実際にされると信じています。しかし、当然そうなると考えてはいけません。まず、グローバリゼーションとは何なのかを、気を付けて定義しなければなりません。

グローバリゼーションの危機的状況

グローバリゼーションの理念自体が難しい状況に置かれています。２００８年に世界金融危機があり、その後もその影響が長引いたので、多くの人は国際資本の流れに新たな規制を設けたいと思っています。その中には、正当な理由もあります。自由貿易に、特にアメリカにおいて、新たな規制を設けるべきだという強い圧力が存在します。

すでにトランプ新政権は、長年にわたり12カ国間で交渉を行ってきた環太平洋パートナーシップ（TPP）協定からの離脱を決めました。近いうちにアメリカは、鉄鋼製品の一部に関税を掛けるのではないかと考えられています。一方で私の国イギリスでは、世界最大の自由貿易圏、欧州連合を離脱することを国民投票で決めました。EU28カ国への貿易のためイギリスに投資を行ってきた1000社以上の日本企業は非常に失望し、時に怒りを感じています。EUは28カ国が統合することで世界最大の経済圏になったのです。そこには5億人近い人口があります。

後退か、それとも進展か

我々イギリス人は、自分たちが自由貿易とグローバリゼーションの先駆者であると考えていましたが、今ではEUを2019~2020年、あるいはもう少し後に離脱した後にどのような社会に、どのような経済にするのか、国内で民主的に話し合いを行っています。

なかには、イギリスはもっと貿易・グローバリゼーションに開けた国になり、ヨーロッパの西岸の沖にあるいわば香港のような国になってほしいと思っている人

もいます。しかし、その他の多くの人は、企業や業界に補助金を出すことによって、貿易の規制をしてほしいと考えています。そして、６月８日の総選挙の後に政府は非常に脆弱になり、いつ崩壊するか分からないような政府になりました。

もしこれから新しい選挙が行われるとしたら、まさにそういう類の補助金、貿易障壁をよしとし、グローバリゼーションから後退するような左派の政府が誕生するかもしれません。一方で、幸いにも世界には反対方向に向かわせよう、つまりもっと自由貿易やグローバリゼーションの進展の方向に向かわせようという力も働いています。２、３日前、日本とＥＵが新たな経済連携の概略を発表しました。自由貿易を結び、それぞれの地域からのモノ・サービスの貿易障壁を軽減しようという協定です。

これは重要な進展です。日本とＥＵを合わせると、世界経済の30％になるのです。一方、技術も進展を続け、コミュニケーションがより簡単により安くできるようになっていくことを疑う人はいません。

それでは、グローバリゼーションの次の段階は発展でしょうか、後退でしょうか。答えは私たち次第です。つまり、ビジネスマン、学者、学生、市民次第なのです。我々が何を望み、何に対して戦う用意ができているか次第なのです。私は楽観的です。それは私たちは平和の繁栄が可能なような世界のために戦う準備ができていると思うからです。しかし、そうするためには、世界にとっての脅威とは何か、なぜ脅威があるのか、そして何ができるのかを理解する必要があります。

一歩下がって問題をとらえてみる

それでは、一歩戻って、問題を考えてみましょう。一歩戻れば、北米、ヨーロッパ、日本などの先進的で開放的で民主的な社会に住んでいる私たちは、並外れて恵まれているということを認識することができます。我々の幸運とは、私たち世代が１９４５年以降に生まれ、育ち、今このグローバリゼーションの恩恵を受けているということです。

まずそのグローバリゼーションとはどういうことなのかを理解するためには、一歩下がらなければなりません。グローバリゼーションとは、あたかも外の世界からの力で国民、企業、学生を新しいグローバルな方向で行動させるような力が働いているように聞こえますが、それは実際は私たちの内なる、国単位の、国内の選択、政策の結果が生み出したものなのです。

世界は我々にグローバリゼーションを押し付けているのではないのです。私たち自身が開放的であること、つながっていることを選んで、その選択から恩恵を受けているのです。

自由民主主義国家の誕生

１９４５年以来、貿易競争、文化交流、アイデアの自由な交流などオープンな社会であることを選んだ国がどんどん増えました。すべての成人の国民に、平等な政治的権利、公民権、公的権利を付与することにより、その開放的であることからくる影響をコントロールすることにしました。言い換えると、自由民主主義国家になったのです。開放的であることと、平等であるという二つの原則を受け入れたのです。

75年前には、世界には民主主義国家はほとんど存在していませんでした。１９７０年代でさえ、ヨーロッパではスペイン、ポルトガル、ギリシャでは独裁政権でしたし、ヨーロッパ大陸の半分は、ソビエト連邦によって支配されていました。東アジアでは、同時期、日本だけが民主主義でした。今はヨーロッパの大半の国が民主主義で、ラテンアメリカも同様です。東アジアでは日本の他には、韓国、台湾、インドネシアがそうです。完璧な形ではありませんが、その他にはシンガポール、マレーシアが続いています。

ヨーロッパや北米が主導し、後に日本も加わる自由民主主義国家は、この間、他の国と平和な関係を結んでいました。貿易、安全保障、人権、その他多くの問題に関しては、国際協定を結ぶことで、その平和をコントロールしてきました。多くの国が同時期にすべて開放的な社会であることにより、当然のことながら貿易、投資、技術や通信の発展によってお互いにつながることができています。実際、技術や通信は、お互いのつながりを加速し、深めています。ちょうど19世紀の電信、20世紀の電話が果たした役割と同じです。より自由で、知的な交流、集団的安全保障の枠組みのおかげで、長生きで健康になりました。高校、大学教育を受けられる人がこれまでになく増えました。手には、かつてはＳＦの世界にしかなかったコンピューター、通信機器を持ち、かつてないレベルで情報にアクセスし、お互いに連絡を取り合っています。

なぜ進歩に背をむけるのか

では、なぜこの素晴らしい世界の現象が続くということに疑問があるのでしょうか。なぜ、この進歩に背を向けて、将来のお互いのつながりに制限を設けようとするのでしょうか。

これは良い質問です。答えが必要です。恐れと自信喪失により疑問が起こるのです。この恐れと自信喪失は、世界の他の国と比べて１９４５年以降の世界構築に向け多くの貢献をした国、アメリカ合衆国においてもっとも顕著なのです。

今週の木曜日に、ポーランドでドナルド・トランプ大統領が重要な疑問を投げかけました。

「西洋は生きる意志を持っているのか」。

西洋ということで、彼らは開放的で、リベラルで、民主的で、連携しなければ達成できないような平和を、お互いに連携することで世界にもたらした社会のことを言っているはずです。我々西洋の、アメリカ人ではない、例えば日本人、イギリス人、その他の国籍の人々も、トランプ大統領の質問を考えてみるといいでしょう。トランプ大統領自身、我々西洋に生き残ってもらいたいと思っているのかということを聞いてみればいいと思います。それは西洋、そして西洋の成功によりもたらされたグローバリゼーションをおびやかしている最大の脅威が、トランプのアメリカなのですから。

アメリカ・ファーストの影響は

そして、ドナルド・トランプ政権の行政の方針は、「アメリカ・ファースト」であるということを宣言しました。候補者であった時期に、ドナルド・トランプが議会に世界の安全保障の基礎になっている同盟、ヨーロッパのＮＡＴＯ、そして東アジアにおける日米安全保障条約について厳しい質問をしました。また、当時アメリカが戦後築き上げた国際法、特に貿易に関する国際法の構造を攻撃しました。今月中に、先ほど申し上げたようにアメリカは国内の安全保障の理由で、実行することができる法律の条項を利用して、輸入鉄鋼製品に貿易関税をかける意志があることを宣言すると考えられています。もしそうなれば、ＥＵからの報復の呼び水になりそうです。輸出に対してそのような新しい関税、もしくは罰則的関税が課せられるならば、ＥＵの貿易の衝撃になります。日本もどのように対応するのか、決めなけ

ればいけなくなります。そして、世界最大の鉄鋼製品生産国である中国も、同様に考えなければいけません。過去何十年間に何度も起こっていることなので、これで全面的な貿易戦争になるのか、もっと限定的なものになるのかは分かりません。しかし、そのような政策は、世界の貿易制度に大きな損害を与える可能性があります。特に１９４０年代に発足した関税及び貿易に関する一般協定（ＧＡＴＴ）の後継の組織で、１９９０年代半ばに発足した世界貿易機関（ＷＴＯ）の下で合意に達した貿易の法的枠組みを損なうものであります。

グローバリゼーションが後退した理由

以上のことで分かるのは、理念の戦いが始まったということです。「アメリカ・ファースト」を標榜する人たちは、最近の過去数十年の間の開放主義は行きすぎで、アメリカ経済を傷つけたと思っています。まず最初に鉄鋼製品、次いでほかの製品の関税を上げることで、アメリカの雇用と生活水準が維持、向上されると信じているのです。

そのような政策は、現在の繁栄をつくりあげてくれたグローバリゼーションと開放主義からの後退を意味します。なぜアメリカ人の中には、グローバリゼーションの次の段階で後退し、国境を開放するのではなく、閉鎖することを望む人がいるのでしょうか。

理由は基本的に二つあります。２００８年の世界的金融危機、そして中国です。

金融危機をきっかけに政治が不安定に

２００８年の金融危機は、アメリカにおける信用収縮と不動産バブルにより始まりました。その危機が、普通のアメリカ人に深い痛みと怒りの感情を起こしてしまいました。しかし、アメリカ人だけではなく、私の国イギリス人も含めて、多くのヨーロッパ人も痛みと怒りを感じたのです。

経済は緩やかに回復していくのに、生活水準はアメリカでもヨーロッパでも落ち込んだままです。収入と機会の不平等が大きな問題になりました。しかし、これは２００８年よりずっと前から徐々に起こってきていたことですが、危機により悪化し、より大きな政治的問題に発展しました。

その結果、新たな政治的に不安定な時代になりました。まるでどこからともなく新しい政党がつくられ、急に権力へと成長していくような時代です。フランスでは、この趨勢の中でも、穏健派で改革志向のエマニュエル・マクロン大統領が誕生しました。日本では、小池百合子都知事が都議会選挙で過半数を獲得しました。しかし、アメリカでは、政治について全くの門外漢であったドナルド・トランプがホワイトハウスに入ることになりました。西洋のすべてのリベラルで開放的な社会の中で、このような政治状況が今の政治的不安定さの感情を起こしているのだろうと考えています。

私の新しい本『西洋の終わり』で、この感情を英語の「D」が付く言葉ですべて説明しました。demoralised（やる気を失う）、decadent（退廃的）、deflating（気持ちがすぼむ）、demographically challenged（人口統計学的な課題がある）、divided（分断されている）、disintegrating（バラバラ感がある）、dysfunctional（機能不全）、declining（下向き）。

中国の急速な成長がもたらした影響

こういう気持ちになる理由の一つに中国があります。あの国の急速な成長と、アジア全体だけではなく世界へのその影響力と力の広がりを見て、我々自身の制度と我々自身の社会の基本について見直しが始まったのです。

中国は30年前と比べるとはるかに開放的にはなっていますが、政治的権利の平等性はまだ導入されていないのは確かです。民主主義国家ではありません。それどころか、それとは懸け離れた存在です。

しかし、とりわけ中国の成功は、中国の前の日本のようにアメリカに自国の弱点を隠すための外国のスケープゴートとして都合よく使われているのです。製造業の従業者が失業すると、中国を非難するほうが、経営が悪いと非難するよりも、もしくは人の代わりにロボットを導入したと非難するよりは楽なのです。したがって、中国に対する貿易戦争を始める誘惑となってしまうのです。しかし、もし貿易戦争が始まれば、それは我々全員が影響を受け、損害をこうむるのです。

自由貿易を進める動きも

先ほど説明しましたように、貿易の動きの方向は単に後退だけではありません。日本とＥＵが自由貿易協定を結びました。これはＥＵが別のＧ７の国、カナダと結んだ大型の重要な貿易開放協定に続くものです。ＥＵのリーダーたち、特にドイツ、フランスの指導者は日本と同じで、アメリカが離脱した後の空白を埋めたい、また貿易の自由化と気候変動のような問題への国際的合意を深めたいという野望を持っています。アメリカにおいても、トランプ政権の政治的姿勢に強いプレッシャーが掛かっています。市民グループや新聞は、トランプによってむしばまれた言論の自由や法の支配を守ろうと、しっかりと戦っています。議会は大統領の経済政策案に足かせをはめるような行動をしていますし、法制度により移民を止める大統領の権限に大きな制約を課しています。

開放的であること、平等であることの利点への信念は、依然強固です。ヨーロッパでも、トランプと同じような考えを持ったポピュリズムで、ナショナリストたちが、政治的な力を持って台頭してきましたが、しかし、今のところ選挙で敗退しています。イギリスにおいては、欧州連合を離脱するという意志決定に関する世論が

変わる可能性すらあります。

リベラリズムには自ら復活する力がある

リベラリズムには一つの大きな強みがあります。その強みとは、変わりゆく環境に対応し、適応し、進化する能力です。リベラリズムには大きな問題がありそうに見えるときですら、抵抗し、適応し、そして、そのうち復活することができる能力があるのです。

しかし、その復活には努力が必要です。そして、議論に勝っていくという努力が必要です。ただ問題は、世界から身を隠すことで、最善で最新の理念、再生の機会から、そして刺激的な競争の利点から自らを遠ざけてしまうことになることです。オリンピックの金メダルは、自宅にいて近所の人と競争していただけで取れるものではありません。最高の人から学び、最高の人を相手に競争しなければいけません。それはグローバリゼーションによって可能なのです。孤立主義、後退の戦略では、後々大きな長期にわたる代償を払わなければならなくなります。もしアメリカが、今後、本当にそういう戦略を進めるのであれば、大きな代償を払うことになるでしょう。経済が落ち込むことでしょう。生活水準は落ちるでしょう。すべての競技で金メダルの数が減ることでしょう。

アメリカの孤立主義を防ぐには

そのような後退は、他の国の開放主義の進展によって、また欧州連合および日本がリードするグローバリゼーションによって、一部補完されることは可能です。しかし、もし本当にアメリカが孤立主義の方針をとるならば、それによる結果に目をそむけてはいけません。一番大きな影響は、精神面です。アメリカがもし後ろに下がり、世界的に今より小さな役割しか果たさないならば、大きな空白が生まれます。そこに他国がつけ込むことができるし、きっとそうすることでしょう。

その空白を埋め、そこにつけ込むのは、政治的には中国とロシアの可能性が大きいと考えます。したがって、グローバリゼーションの次の考え方は、開放的で、かつつながりを維持するかどうかなどのような理念の戦いばかりではありません。そこには、アメリカが孤立主義になった場合、自分の利益にとっても、とてつもなく大きな歴史的な間違いを犯しているということをアメリカに理解させ、納得させる戦いも必ず含んでいかなければならないのです。

そのようなことになれば、中国、ロシアのような国に、地域での支配を拡大させ、わが物顔に自分の地域でのビジネスおよび政治のルールを決めることを許してしまうことになります。

未来は我々の双肩にかかっている

皆さま、西洋は過去70年、政治的な理念としては、信じられないほどに成功してきました。自由民主主義の下で生活する我々にとって、ものすごく豊かで科学的な発展をし、平和的な世界をつくりあげてきました。もちろん、問題はあります。民主主義でない勢力から、テロリストから、気候変動から、大量移民から、そして我々自身の技術的進展による結果によってからさえ課題が生じています。

しかし、そのような課題に対応していくことができるかどうかは、自らの自由民主主義社会の経済的、社会的、政治的な強さを持っているかどうかに負うところが大きいのです。その強さは、主にそれぞれの社会の中でつけられていくものです。他の社会、特にアメリカのような大きな社会の成功によって、その強さは助けられ公表され、逆に、失敗により妨げられたり、弱体化したりするのです。

５００年前、イギリスの偉大な詩人ジョン・ドンは、今のグローバリゼーションについて人々の気持ちを鼓舞するような詩を書いています。

No man is an island
Entire of itself
Every man is a piece of the continent…

Any man’s death diminishes me, because I am involved in mankind.
And therefore never send to know for whom the bell tolls
It tolls for thee

何人《なんびと》たりとも島嶼《とうしょ》にてはあらず。
何人も自らにして全きはなし。
人はみな大陸の一筆。
何人のみまかりともこれに似て、自らを殺《そ》ぐに等し。
そは、われもまた、人類の一部なれば、
ゆえに問うなかれ、誰《た》がために鐘は鳴るやと。
そは汝《な》がために鳴るなれば。

『誰がために鐘は鳴る』（アーネスト・ヘミングウェイ）

私のような現代の英国人にさえ、この英語は古くて理解が難しいものです。しかし、彼が言っていることは単純です。「私たちはみなつながっているもの、自分が孤立することは意味が無い、私たちの運命は互いにつながっているだから」と言っているのです。

グローバリゼーションの次の段階は、我々の双肩にかかっています。我々が決める選択、行動、そして責任感にかかっているのです。トランプ大統領がこれを聞いてくれているといいのですが。

それでは、ご清聴ありがとうございました。この後のすばらしいディスカッションを楽しみにしています。

基調講演2

米国トランプ政権の課題とグローバル社会を変えるイノベーション

小野　誠英（株式会社三菱総合研究所常勤顧問）

小野　誠英

株式会社三菱総合研究所常勤顧問

1950年倉敷市生まれ。東京大学経済学部卒業後、1975年三菱商事入社。2003年ハーバード・ビジネススクール AMP 修了。香港や米国等同社海外拠点に勤務された後、エムシー金属資源（株）副社長、執行役員非鉄金属本部長、常務執行役員経営企画本部長、米国三菱商事会社社長を歴任され、同社の国際事業を牽引されてきた。2013年同社退職後、株式会社三菱総合研究所に移られ、代表取締役専務、同副社長を経て現在常勤顧問として活躍されている。

この間、Japan Society New York 副会長、ニューヨーク商工会議所会頭等に就任するなど、在米日本企業の取りまとめ役を果たされた。また豊富な海外経験から岡山県や倉敷市の各種のアドバイザーを務められている。

ただ今ご紹介にあずかりました、小野でございます。私も岡山出身なものですから、こうして岡山の若い方にお話ができるというのは、本当に嬉しい限りでございます。ただ今のビル・エモット先生に非常に格調高いグローバリゼーションの健全な進展というお話をいただきましたが、私は今ご紹介にあずかりましたように、40年間特に商社マンとしてビジネスに携わってきて、４年ほどは総合研究所で勤務しております。そんなわけで、ビジネスの観点からこのグローバリゼーションを見てみたいと思います。

予測できる未来とできない未来

今日は将来ある学生さんなので、未来のことをちょっと考えたいと思います。グローバル社会の未来、まず未来は予測できるのだろうか。これは「ＹＥＳ　＆　ＮＯ」なんです。予測できるものもあれば、できないものもある。「ＹＥＳ」の方として、工学的な予測というのは非常に正確なのです。未来予測というのは、日本でもかなりされています。２０００年、つまり１００年後の日本はどうなっているだろうかというのを、１９０１年に『報知新聞』が発表したのです。この『報知新聞』というのは今ではスポーツ新聞ですけれども、当時は五大新聞の一つで、東京朝日とか国民新聞などと並び、いわゆる今の五大新聞の前身でした。その報知新聞がこういう予測をしているのです。

「新鉄道が東京─神戸を2時間半で結ぶ。無線で買い物をすると、翌日に配送される。恋人たちは携帯の電話で長電話をするし、国際電話もできる。大都市の交通として、路面電車はなくなって、自動車や地下鉄やモノレールができる。オフィスにも家庭にもエアコンが入る」。

これは1901年の予測です。現在、ほとんどというか、全部実現できているわけです。それぐらい科学的な予測というのは当たるのです。

ところが、一方の政治、経済に関する予測は、ほとんど当たっていないし、これからも難しい。20年後の金利とか株価とか、20年後の中国や北朝鮮のことなど、Nobody knows. まず分からない。

これぐらい社会、政治経済というのは予測が難しい。その中で、トランプ政権はどうなるのだろう。私はたまたま米国に駐在が長かったですから、ちょっとお話をしたいと思います。

トランプ政権を生んだ経済格差

米国の課題ということを考える上で大切なことは、なぜトランプ大統領が出てきたかということです。やっぱり2000年以降に格差が拡大して、自動車会社などの工場で働いていた白人の労働者が、経済的敗者になった。この人たちがついに怒ってしまって、トランプに入れてしまったわけです。

なぜ格差は拡大したのだろうか。トランプ大統領がグローバル化の影響だと、そう言っているわけです。本当にそうだろうか。富裕層に有利な税制だとか、技術革新というのが大きな要因なのです。これはピケティさんとかクルーグマンさんの資料からなのですが、米国では１９２０年ごろは上位10％の所得が大体44％でした。そして、80年代には金持ちの比率が減ったのです。ところが、２００５年にまた増えてしまう。それから上位１％の総所得に占める割合は、20年代は17％だったのが80年代には８％に減っているのです。ところが、２００５年になると、また20％に増えてしまうのです。フランスは、ほとんど変わっていない。上位１％の所得層はむしろ減っているのです。

技術革新が進み格差が拡大

それから、この要因が大きいのですが、米国の大卒と高卒の賃金格差は、65年ごろは50％を超えている。ところが２００５年になると、もっと大きく広がってしまったわけです。グローバリゼーションも一つの要因ではあるのですが、ＩｏＴとか自動化という技術革新が進展し、要するに技術的な知識とかＩＴの知識がないと、職にありつけなくなってしまった。自動車１台つくるのに、人間がだんだん少なくてすむようになってしまった。労働者は少なくてすむようになったのです。

グローバリゼーションの責任ではない

それからもう一つの要因は、これは最高税率です。所得税なども金持ちが優遇されています。80年代を見てください。所得税の最高税率は75%なのです。日本より高かった。ところが、どんどん減って35%になっています。相続税にいたっては、一時は70%ぐらいの相続税を取られていたのが、また減ってしまいました。だから、そういう意味では、だんだん金持ちにとって都合よくなってきた。それをグローバリゼーションの責任だと言っているところが、少し問題ではないかと私は思っているのです。

トランプ政権の限界

トランプ政権は、やはり経済成長と雇用促進と、都合のいいことばかり言っているのです。ところが、こういうのはなかなか難しいのです。議会の反対も強い。要するに、財政の問題、それから減税をしたら米国企業の競争力は回復するのかというと、そうでもないのです。それから自由貿易反対とかと言っていますが、これは経済効果がほとんどないことは実証済みです。例えばメキシコとの貿易をやめると言っているのですが、トウモロコシなどはアメリカの最大の輸出国はメキシコなのです。しかも、トランプの基盤である中西部の農業州は、メキシコに依存しています。だから、トランプ大統領が言っていることを実現しようとすると、反対がいっぱい出てくる。

それから、工場を建てろ、工場を建てろと言うのですが、トヨタが建ててもＧＭが建てても誰が建てても、その労働者の量は大した量ではないのです。アメリカは、毎月10万人から20万人ぐらい雇用が増えています。その中で一つの自動車工場で１０００人増えても、経済的効果はあまり大きくないのです。むしろ私は、やはり一番の問題は教育だと思うのです。やはり教育レベルの低い人が溢《あふ》れてしまうと、職に就けなくなり生産性も下がる。こういうことなのです。

公約の実現は困難

大統領権限で、ＴＰＰの不参加とかパリ協定の脱退はできるのですが、トランプ大統領は「パリのために働くのではなくて、ピッツバーグのために働くのだ」と言っていますが、ピッツバーグはご存じのように、昔はＵＳスティールだとかアルコアだとかウェスティングハウスだとか、メーカーの大本拠地でした。今はＩＴ企業がいっぱい出てきているわけです。だから、言っていることとやるべきことが、ちょっとちぐはぐだなという感じがするわけです。

彼の側近を見ても、軍隊、それからゴールドマン・サックス、エプソン、そういう民間の人が多い。ウィルバー・ロスさんは私の友人ですが、ジャパン・ソサエティーの会長で、私は副会長をやっていました。あとは軍隊の人です。ですから、ロシア政策といっても、軍隊の人はロシアを警戒する人々が多いので、そう簡単にロシア寄りになれない。イランとロシアはつながっていますから、ロシア寄りになるとイラン寄りになりますので非常に難しい。だから、トランプさんがロシアに寄ろうと思っても、言っているほど簡単ではなく、なかなか難しいわけです。

このように、いろいろなことを大統領令でいっぱいやっています。大統領令を発動するのはいいのですが、先ほど申し上げましたように、議会を通さないといけないところが多くて、それが大変なのです。だから、言っていることを実現することは非常に難しい。インフラのための予算をつくると言っても共和党が反対していますし、これも通らない。

だから、一見みんなに受けるような政策をやっているのだけれども、ほとんど実現は難しいというところです。

公約が実現しても課題は解決しない

ではどうなるかというと、私は政治家でもなんでもないのですが、アメリカにいた経験から見ると、公約が実現できないまま、ずるずると時間が過ぎてしまうのではないだろうかと思うのです。

それから仮に公約が実現しても、米国の課題解決に寄与しない。これが一番の問題なのです。もう少し教育だとか、本当に労働者がどうやったら職に就けるかを考えるべきだと思うのですが、そこのところが欠けているのです。

今後、ロシアゲートなどいろいろあります。ただ、弾劾によって辞任した大統領は今までにいないのです。リチャード・ニクソンが１９７４年に辞めましたけれども、これは弾劾される前に辞めましたので、実際に弾劾裁判で辞めた大統領はいないのです。だから、そういうことはないのではないかと思うのですが、問題は４年の任期を全うできるかどうか。それから、もうすでに18年の中間選挙に向かって色めき立っている。年が明けたら、18年の中間選挙に向かってみんなもう自分が上院議員、下院議員に通ることを一生懸命に考えますから、トランプにあまりすり寄っていると選挙に勝てないのではないかということで、怖いことが起きるのではないかというのが、今の私の見方です。

一つの技術革新が世の中を変える

あまりトランプ政権のことを言っても生産性がないので、私は今日、グローバル社会を変えるイノベーションについて話をしたいと思います。技術革新によって、経済とか政治が大きく変わるのです。これはなぜかと言うと、技術革新は本当に世の中を変えてしまう力があります。この一つのいい例を挙げます。原油価格が一時１００ドルを超えていましたが、50ドルに下がる。なぜでしょうか。なぜだと思いますか。なぜ１００ドルだったのが、50ドルに下がってずっとそのレベルのままなのでしょうか。シェールガス革命です。日本にはシェールガスがないのですが、アメリカと世界にはシェールガスがあります。シェールガスを知っている人はいますか。みんな知っていますよね。でも、見に行ったことはないでしょうね。私は何回も見に行きましたが、地下3000メートルですから中まで見られませんが、現場には何回も行きました。この水底掘削技術と水圧破砕、これが原油価格を下げていると私は思います。

鉄のパイプを3000メートルぐらい下げて、横方向の広い範囲で1本のパイプからものすごい量のシェールガスが掘れるようになった。それともう一つは、水圧で頁岩というすごく固い岩盤が破砕できるようになった。

この技術によって、原油の生産が増加し価格が低下している。今ではアメリカはサウジアラビアを抜いて、原油の生産量が世界一なのです。ずっとサウジアラビアのほうが多くて、アメリカはずっと生産量が下がっていたのですが、2010年ぐらいから急に世界一になったのです。私がちょうどアメリカに2回目に駐在した頃からです。絶対に原油価格は下がると思っていたので、案の定でした。それぐらい一つの技術革新が、世の中を変えてしまう。トランプ政権もシェールガスを増産していきますから、原油価格は頭打ちになると思います。

これからの社会はAIとIoT

では、これは過去のこととして、これからの社会を変えるイノベーションって、何だろう。それは人工知能（ＡＩ）とＩｏＴ（ＩＴ）。この二つが世の中を大きく変えると私は思っています。私は、40年ぐらい三菱商事で商社マンとして一生懸命働いていましたが、今は、このＩｏＴとＡＩに凝っていまして、これが世の中を変えると自信を持って言えます。人工知能はどこまでいくか。人工知能ブームというのは、第一次、第二次と過去何回もあったのです。今は第三次ＡＩブームですが、これは全く次元が違うのです。

簡単な例ですが、昔のビデオ・ゲームの「ブロック崩し」もＡＩは上手になりました。最初は玉を上手く打ち返せませんが、ディープラーニングと呼ばれるＡＩを使うことにより、学習して上達していきます。24時間もたつと完璧に打ち返すようになります。人間がルールを細かくプログラムする代わりに、与えられたデータを元にして、人工知能自身がルールを見つけ出していきます。こういうのを強化学習といって、これ自体は昔からあったんですが、人間が決めた以上にはうまくなれなかったのです。ところがディープラーニングは人間が想定しなくても、自動的に何が重要かというのを見つけ出して上達します。

東大のあるベンチャー企業ですが、交通事故を減らすため交通システムにディープラーニングを利用する研究開発を行っています。車に速い速度で進めば報酬を与え、壁や車にぶつかると罰を与える。これにより強化学習が行われ正しい走り方を自分で発見するというものです。

人工知能の発展によって、今まで人間しかできなかったことも、コンピュータやロボットに置き換えていくことになるでしょう。人工知能技術の発展とともに、それをうまく使いこなす知恵が重要になります。

車の自動運転が実現すると……

私はこの研究を行っておられる東大の松尾豊先生と話したときに、やっぱり世の中が変わってきていると思いました。自動車が自動運転になるのは間違いないし、自動車メーカーはみんなそう言っていますので、これは間違いない。では、どこまで発展するのだろうか。何が起こるのだろう。自動車事故は、もしかしたら増えるのではないか。いろんな見方があります。私は、やっぱり自動車事故は減るのではないかと思っています。

これはよく私がビジネスで社会人にお話しするときに言っているのですが、交通事故は年間60万件ぐらい起きています。保険市場は約4兆円。保険会社の収入約8兆円の半分が自動車なのです。だから、世の中は変わるのです。駐車場に入れなくなるかも分からないし、いろんなものが変わってくる。自動運転になっただけで、こういうことになる。

今、人が足りない、トラックの運転手が足りないと言っているけれども、トラックの運転手は80万人います。これもそのうち、全員ではないですけれども、かなりの人が必要なくなる。もうすでに経産省は、こういうトラックの自動運転のテストをやっています。最初は１００メートル間隔だったのが、どんどん縮めてどれくらいの間隔だったら、自動運転で事故がなくなるか。日本の高速道路は、こういうふうにイモムシみたいに、ずっと北から南まで自動運転のトラックが走るようになります。もう10年ぐらいしたら、そういうふうに、どんどん変わってしまいます。トラック業界だけでなくて、インフラ業界も変わる。

ＡＩやＩｏＴは人類の道具

では、なぜこのようにＡＩとＩｏＴが社会を変えていくのだろうか。ＩｏＴとかＡＩは、人類の道具だと思ったほうがいい。敵だと思わずに。情報の収集能力が驚異的に向上して、大量のデータを安く瞬時に集める。それから処理能力が何十万倍と上がっているので、処理能力もものすごく速くなっている。それから解析能力。これが驚異的に伸びて、大量のデータを、ＩＴが集積したものをＡＩが解析して、「これがいいんじゃないか」とすぐ結論を出すわけです。今までできなかったことが、間違いなく安く、早くできるようになる。

今は「フィンテック」と言っていますね。金融とＡＩ、ＩｏＴの融合のことです。「メディテック」は私の造語なのですが、医療とＩｏＴとＡＩが結びついたものです。

農業は「アグリテック」。戦争は「ウォーテック」。教育も「エデュテック」……。

これはあまり言うと問題なのですが、ペンタゴンは戦闘機をロボットで動かす実験をやっています。Ｆ16だとかＦ35の最新のものは、もうすでにロボットで飛ばしているわけです。私はＦ35が最後の有人戦闘機ではないかと思っています。そういうふうに、産業構造が大きく変わると思います。

では、地方における問題点とは何でしょうか。今、人口が少なくなっていますね。東京も減っていますけれども、過疎地に行けば行くほど人口が少なくなっている。この問題をＡＩ、ＩｏＴ、ロボットを中核とするデジタル化、これは第四次産業革命と言われていますが、これで解決できるようになっています。仕事が変化して、なくなる仕事が２４０万人分だと言われています。これは三井総研が研究したものですが、そんなにはなくならないとは思うのですけれども、人口が少なくなるということ自体は、そんなに心配しなくてもいいのです。それから、人材不足というか、３Ｋなどは解決できるし、大企業と中小企業の格差も減るかもわからない。それから、都会と地方の格差も減ると私は思います。

オックスフォード大学はどういう産業がなくなるかという研究をしています。これはよく本に出ています。アメリカなどは、47％の職業がＡＩに代わるなどと言っていますけれども、日本でも弁護士などの職業は、ＡＩに取って代わられるという話もあります。

三菱総研で研究した結果によると、７４０万人の雇用が減少するけれども、５００万人の新しい雇用が創設されるという予測結果になっています。

どんどん進化していくロボット

ロボットは将棋とか碁などでも盛んに使われています。この間も将棋の羽生善治さんと将棋を指したのだけれども、彼もＡＩにものすごく凝っています。もう分析力はＡＩに叶わないそうです。ただ、大局観とか発想はまだ勝てるけれども、そのうち危ないなと言っていました。

認識能力や画像分析はものすごく進んでいます。それから文章を読む能力も上がってくるし、どれがよいかを決めるのも、どんどんいろんな判断ができる。この間、私も新しいルンバ君を買ったのですが、前のルンバ君に比べてすごくよく考えて動きます。

ＩｏＴによって情報を集積する能力がどんどん上がっていく。例えば、体にセンサーを付けて、いろいろな体調管理が全部できるようになる。

単なる自動化ではなく最適化

それから、ＩｏＴによって産業や社会が変わっていきます。何が変わるのかというと、単に自動化するということだけではない。最適化とか、それから専門家のノウハウをＡＩが全部吸収して、「これがいいですよ」「あれがいいですよ」ということを言ってくれるようになるということです。

（パン小売店の動画を示しながら）パン屋で、ある人がコロッケパンを買ったとすると、今は画像認識能力がすごいから、その人が「コロッケパン」と言わなくても、あるいはＩＣタグなんて付けなくても、ちゃんと上から見て、コロッケパンを三つ買ったことが分かり、帰るときには出口でピッと自分のスマホからお金が支払われる。実際にアメリカでは今、そういう実験をやって、全くレジ無しのスーパーをつくっていますから、もうすぐ実現すると思います。そうすると、レジのアルバイトも要らなくなり、アルバイト先がなくなって困る人も出てくるかも知れません。

農業は少ない人手で高生産

（キュウリの動画）これはキュウリです。キュウリも曲がったものとか、長いものとか、ミディアムだとか、小さいのとか、まっすぐなのとか色々あります。これを今は、農家の方が仕分けしています。これをコンピュータがやると、全部キュウリの見極めも10種類ぐらいに分けて、それで出荷できるわけです。そうすると、農業で人が足りないと言っていますが、これもすぐ解決できてしまうということです。

これからＡＩを使って伸びる分野は、観光、農業、食品、医療などです。それから物流、教育もこれからＡＩを使って変わってくると思います。

農業の担い手がいない、生産性が低いといってますが、ＡＩを使うと、もう人をあまり使わなくて済んでしまう。アメリカでは肥料のまき方も、１平方メートルあたりの肥料のまく量をＡＩが決める。そうすると効率的な施肥ができ、肥料コストも下がる。私がアメリカにいたときにはもうトウモロコシ畑など全てＡＩで管理していましたから、どんどん生産性が上がってきていました。どこに何を植え付けたらいいかとか、どこがどれぐらい伸びているか、どこに害虫がいるかが分かる。そうすると、今度はそこにドローンでピンポイントで薬を噴霧できる。

医療や教育も大きく変わる

医療も大きく変わってきます。うちも祖母が動けなくなって介護が大変です。でも、これからはＡＩ、ＩｏＴで変わってくるでしょう。それから肺結節もＡＩが見ると、医師が見えないところがパッと見える。しかも画像分析がすごくて、すでに何億画像も見ているから、名医よりも経験がある。こういうふうなことが始まっているわけです。

それから教育。今まではマス教育だったのですが、これからは個別指導になります。個別指導は費用が高くてできなかったものができるようになる。全部ＡＩが調べて、この人にはこういう教育がいいとか。それから、記述式の問題でもＡＩが作成する。実は三菱総研でも入社試験の一次試験、二次試験はＡＩでやってもらおうということになった。これが結構当たるんですね。エントリーシートの評価をＡＩに任せると、８割、９割がたは当たるから、一次試験、二次試験はもうＡＩにやってもらうということになりました。こういう「エデュテック」で教育も大きく変わってくると思います。

ＡＩをどうやって活用していくかが大事

要は、これからＡＩをどうやって活用するかということです。こういうことができるといいなあ、ああいうことができるといいなあと思っていることが、ＡＩで大体できるようになる。先ほどの１００年後の予想と違って、10年後の予想は相当正確ですから、今言ったような流れは確実に進むし、費用も安く実現できると思います。今はＡＩのコストが高いですけれども、すぐに安くなります。

本日、私が皆さんに言っているのは、ＡＩの研究者になってくれと言っているのではありません。ＡＩを使うとこんなことが起きますよ、ということを頭の中に入れておいていただきたい。ＡＩをつくる人になる必要はないですが、安価なＡＩ活用サービスを武器にする人になってほしい。ＡＩなんて何しろ全然先の話だろうと思わずに、ＡＩを使って何かいい仕事、いい研究、何かできないかなあと思っていると、いろんな使い方ができるようになる。それから地元のＡＩの専門家と協力しながらいろんなことをやってみると、もっと地方の問題が解決できるのではないかと私は思います。

ＡＩを武器にする人になれ

ＡＩが万能だとは思いません。ＡＩができることは非常に限られている。なぜなら、ＡＩには本能的な欲がないのです。あの人が好きだとか、嫌いだとか、こんなことはやりたくないとかは、ありません。

ただＡＩは人間がゴールを決めないと何もしないのです。問題提起もできなければ、ひらめきも起こらない。そのうちできるようになるかも分からないですが、感動も共感もありません。だから、人間とＡＩは所詮違うので、ＡＩが来たら脅威だとか、シンギュラリティが来たら大変だと言うけれど、そんなことはありません。まだまだそんなところまではいかないと私は思います。

要するにＡＩを武器にする人と、ＡＩに使われる人、これは天と地ぐらい違いますから、とにかく皆さんは、ＡＩを武器にする人になってもらいたい。

技術は国境を越える

今日のテーマであるグローバリゼーションとは何かというと、技術は国境を越えてくるのです。だから、グローバリゼーションがいいとか悪いとかではなくて、こういう技術革新は瞬く間に国境を越えて世界に広まるから、いや応なしにこれに対応せざるを得なくなるということを申し上げたいのです。

若い皆さんには世界を変えるイノベーションにチャレンジしていただきたい。それから、ＡＩを武器にする人になると、グローバリゼーションがどのような形になろうとも、必ず生きていける。ということで、今日の話を終わらせていただきます。

どうもありがとうございました。

基調講演3

欧州に見るグローバル化が生んだ反グローバル化の潮流

田口　雅弘（岡山大学大学院社会文化科学研究科教授）

田口　雅弘
岡山大学大学院社会文化科学研究科教授
専門は、移行経済論、経済政策論。研究領域は、現代ポーランド経済史、ポーランド経済政策論。ワルシャワ中央計画統計大学（SGPiS）経済学修士学位取得卒業、京都大学大学院経済学研究科博士課程後期単位取得退学（京都大学博士）。ハーバード大学ヨーロッパ研究センター（CES）客員研究員、ポーランド科学アカデミー（PAN）客員教授等を経て現職。
【著書】:『ポーランド体制転換論～システム崩壊と生成の政治経済学』（御茶の水書房、2005 年）、『現代ポーランド経済発展論～成長と危機の政治経済学』（岡山大学経済学部、2013 年）他。

岡山大学の田口です。よろしくお願いします。

私の講演タイトルは、「欧州に見るグローバル化が生んだ反グローバル化の潮流」です。ちょっと分かりにくいタイトルですが、グローバル化が進行する中で、それに反対するような反グローバルの芽が生まれてきたという話をさせていただきます。

冷戦終了後にグローバリゼーションが進行

グローバリゼーションが特に大きく進行し始めたのは、１９８０年代から１９９０年代です。冷戦体制が終わって、世界が一つになり、一つになったから、いろいろな事象が地球規模で展開するようになりました。このことがきっかけで、いろんな出来事だけではなくて、いろんな問題ですとか、それに対する対策もグローバル化していったわけです。そのときは、歴史的にソビエト社会主義が崩壊しまして、アメリカが勝って、自由と民主主義が21世紀の中心になっていく。だから、力強く明るい未来を見据えながらグローバル化を進めていくという、非常に楽観的思想が主流でした。もし、グローバル化によっていろんな問題が出てきても、それは対症療法で問題を一つ一つつぶしていけばいいと、そういうふうに最初は考えられていたわけです。

成長軌道に乗れないボトム・ビリオン

そのグローバル化ですけれども、「ボトム・ビリオン（Bottom Billion）」という言葉があります。文字通り、最低辺のビリオン（10億人）という意味です。世界の人口は73億ですが、その中のほとんどの人たちがグローバル化によって成長軌道に乗りました。けれども10億人だけは、どうしても成長軌道に乗れず、貧しいままの状態に置かれています。これは、コンゴの写真ですけれども、こういう状態の人たちがまだいるということを問題提起した本などもあります。

Bottom Billion

10億人／73億人

多国籍企業の進出で貧困が改善

ただ逆に言うと、こういう言い方をすると語弊がありますが、10億人以外は成長軌道に乗ったのです。昔、世界を引っ張るエンジンだった国は、

５カ国か８カ国の先進国であって、あとは途上国、または第三世界という言い方もしましたけれども、そういう世界だったのです。ところが、現在取り残された人々は10億になった。ほとんどはアフリカの諸国、東南アジアの諸国で、グローバル化によって多国籍企業が進出していって、成長軌道に乗れたのです。

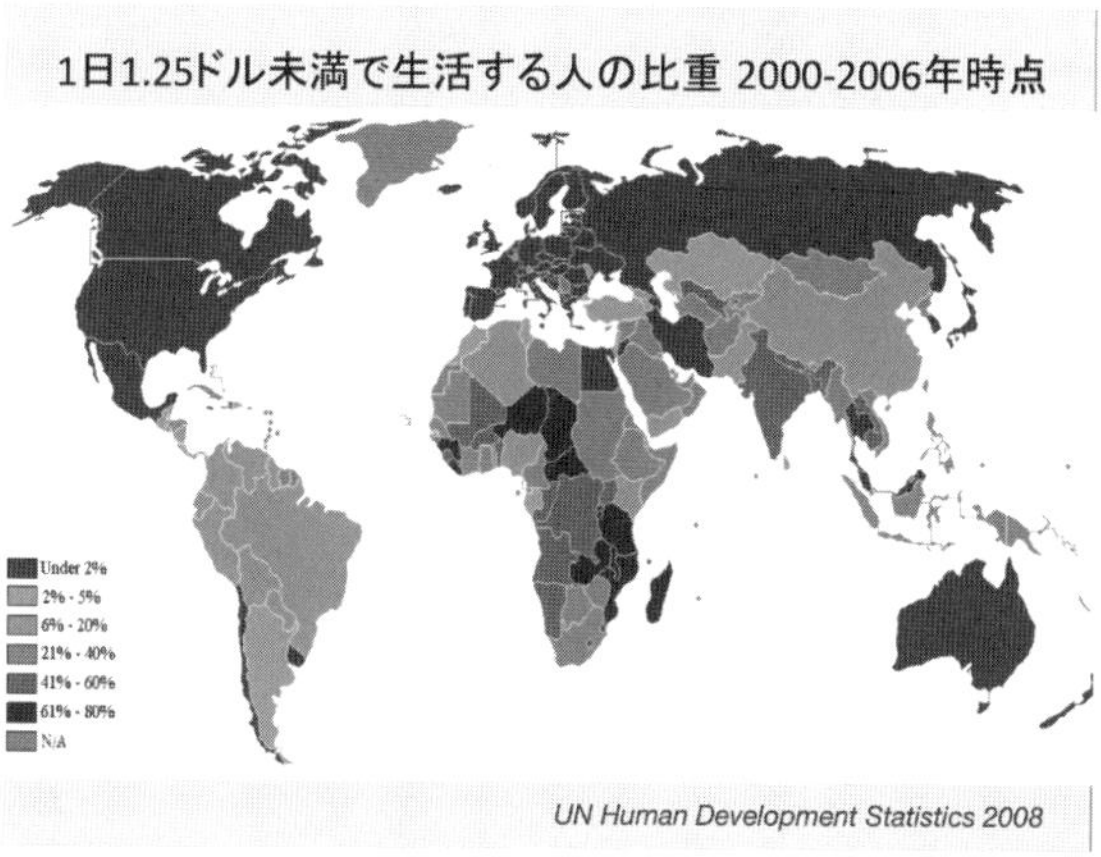

このスライドは、一日１・25ドル未満で生活する人たちの比重ですけれども、色の濃いところが貧困層が非常に多くいる地域です。インドや西アフリカ、南アフリカの半数以上の人々が、一日１・25ドル未満で生活していると言われています。しかし、こうした地域は次第に縮小してきています。南アジアやアフリカの一部の地域では、貧困層は５分の１以下になり、８割の人々は成長軌道に乗りはじめています。

次のスライドでは、東アジアで貧困層が大きく減少しているのが分かると思います。この地域には、一日１ドル未満で生活する人口が１９８０年には60％いました。特に中国です。それが現在10%以下まで減ってきました。グローバル化のおかげで、東アジアでも貧困が大きく改善されたということです。

金融のグローバル化で広がる危機

しかしその後、いろんな問題が起こっています。グローバル化したのは、生産企業だけではありません。金融もそうです。世界にマネーが自由に流れることになりました。１９９７年には、アジア金融危機が起こりました。90年代の後半には、アメリカでＩＴバブルが起こります。２０００年代に入ると、サブプライム問題が起きました。２００８年には、世界金融危機が起こりました。世界がグローバル化していく中で、それを支えてきたのはアメリカのドルでした。基軸通貨であるドルが安定化要因になっていたのですが、グローバル化が一気に進んだ１９９０年代からは、むしろ基

1日1.90ドル以下で生活する人口（地域別）

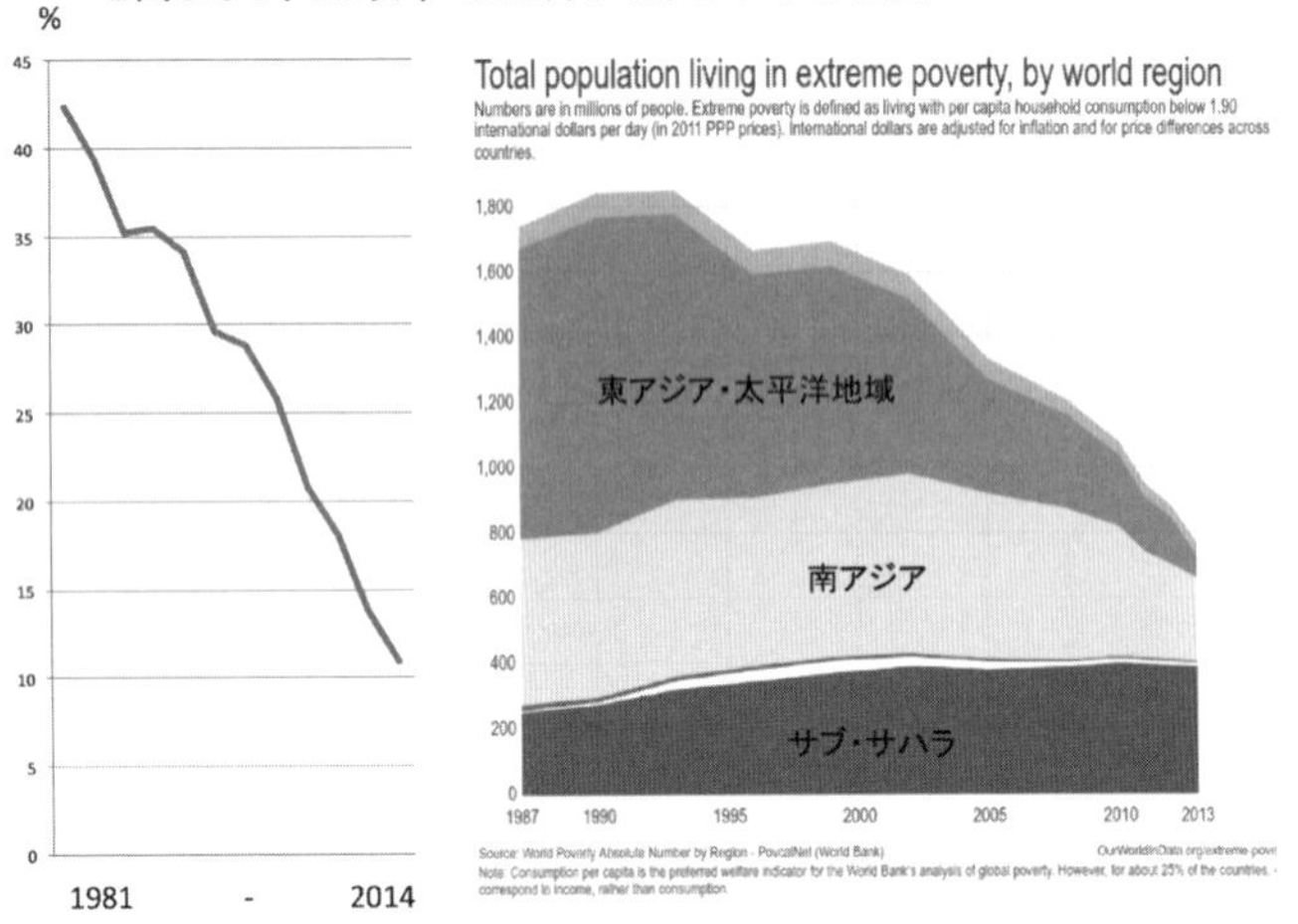

軸通貨であるドルが、世界経済の不安定要因になっていったということであります。

そういう中で、世界金融危機とちょうど時期を同じくして、２００８年にギリシャでパパンドレウ政権という新しい政権が生まれました。新政権が財政をいろいろ調べてみましたら、ものすごい財政赤字を抱えていたということで、一気にギリシャの評価が落ちまして外国資本が引き上げていきました。国民は怒ったわけです。原因をすべてギリシャ国民のせいにするのかと、これはギリシャの問題にとどまらず、同じような状況がイタリアにもあるじゃないか、スペインにもあるじゃないか、ポルトガルにもあるじゃないか、それからアイルランドにもあるじゃないかと、そういうことになりまして、同じような危機が一気にヨーロッパ中に広がっていく。これもグローバル化の一側面であるわけです。

反グローバル化の芽生え

そして、そういうＥＵの問題を、誰が助けるのかというと、お金があるところが助けなければならないわけです。ドイツ人とかイギリス人がそうです。一生懸命働いているドイツ人やイギリス人が怒るわけです。我々が一生懸命働いたお金をなぜ拠出しなければならないのかと。遊んでいるとか、うそをついているとか言われる人たちのために我々の貴重なお金を使わなければいけないのかと。

さらに移民もたくさん流れてきて、いろいろな問題が起こる。そういう中でイギリスで行われた２０１６年の国民投票で、イギリスはＥＵから抜けるという結論を出したわけです。キャメロン首相の意に反して、「Brexit」を叫んだ人たちが、国民の強い支持を得たわけです。さらに同じ２０１６年には、アメリカでトランプ大統領が勝利します。そして今年の４月になりますけれども、フランスで大統領選挙がありました。勝利したのはマクロン氏ですが、ルペン氏率いる極右政党の「国民戦線」が35％近くの票を取りました。フランスというのは、もともとみんな左翼なのです。「お前は保守的だ」というのは、フランス人にとって最大の侮辱だと言われるくらい、みんな左翼的な国で、極右政党が35％近く票を取るというのは、これは大変なことであるわけです。

原因はグローバル化疲れ？

このように、グローバル化というのは、非常に世界にとって大きな貢献をしましたけれども、最近は非常にネガティブに捉えられる現象になっています。フランスの歴史人口学者のエマニュエル・トッドが、「グローバル化疲れ」ということを言っています。格差が拡大したり、移民が急増したり、民主主義が機能不全に陥ったり、エリート政治が閉塞感に陥ったり、これを「グローバル化疲れ」と言います。エリート政治がだめだということが、なぜ「グローバル化疲れ」なのでしょうか？ちょっと分かりづらいですよね。

アメリカでも、クリントンが嫌いだ、という声をよく聞きます。なぜ嫌いなのかというと、エリートがいやだ、という言い方をするのです。どうしてグローバル化されると、エリートが嫌われるのでしょうか？　少し分かりづらいですが、今、世界の1％の人口が、世界の富の49％を握っています。もうすぐ50％になります。つまり、たった1％の人口が、世界の半分の富を握っているのです。そうした人たちが、そのお金を使って自分たちの政治家を立てて、自分たちのルールを作るわけです。これが実は、エリートが嫌われる理由なのです。エリートがいくら理性的なことを言っていても、結局はその1％のためのルールを作っている人たちである、ということに一般の国民、弱者は気づき始めています。ですから、反エリート、反エスタブリッシュメントが台頭し、ポピュリズムを安易に受け入れる傾向が強まってしまったのです。

では、我々を救ってくれるのは何なのだろう。本当にグローバル化によって、私たちは豊かになれるのだろうかと、みんな思いだしたわけです。そういう中で、脱グローバル化という問題が現在出てきているわけです。

広がる経済格差

先ほど述べましたように1990年に冷戦が終わったときに、世界経済はこれからアメリカ型の自由主義市場経済が浸透する中で、ますます発展していく、またはそういうシステムを採用したところは伸びていくと思われたのです。ところが21世紀になって、世界を引っ張っているエンジンになっているのは、中国、それから、それにつづくインドです。こうした国々、とても自由と民主主義というイメージとは合わない国々が、実際には経済を引っ張っている、という問題があります。

それからもう一つは、格差の問題です。ジニ係数という指標で見てみましょう。『もし世界が100人の村だったら』という本がありますけれども、ある国に100人いるとします。貧しい人から順番に並べてみます。みんな所得が同じだったら、グラフ上の原点から右上の頂点に向けての直線になります。一方、みんなほとんどお金を持っていなくて、最後の1人がほとんどの富を持っているとすると、ずっとフラットな線が続いて、99人、100人のところで一気に上がる曲線になります。この曲線と対角線に囲まれた部分を係数化したものを、ジニ係数といいます。当然この面積が非常に狭くなれば格差が少ない、この面積が広くなれば格差が大きいということになります。

80年代半ばから現在までのジニ係数を見てみますと、どこの国もどんどん高くなっています。グローバル化によって、豊かになったようには見える。だけれども、各国内の格差が広がっている。それは当然ですね。自由に競争してくださいということになれば、競争の中で強い人は勝ち、弱い人は負ける。日本の言い方で言いますと、「勝ち組」と「負け組」に分かれていく。その格差がだんだん大きくなってきている。だんだんみんなが我慢できないところまで、格差が開いてしまったというのが現状です。

米・英の経済状況

アメリカで見ると、アメリカは実はだんだん平等化の方向にきていたのです。戦後、民主党政権になって、ジョンソン大統領が福祉政策を推進しましたから、ずっと平等化が進んでいったのですが、70年あたりから一気に格差が広がってきています。

イギリスはどうでしょうか。スライドは２０００年の日本の一人あたりのＧＤＰを１００として見たものですが、赤い方が日本で、青い方がイギリスです。１９８０年のイギリスの一人あたりのＧＤＰは、日本の半分ぐらいでした。日本は非常に豊かでした。ところが、２０００年あたりでイギリスに抜かれたのです。イギリスのほうが、一気に豊かになったのです。日本は、バブル崩壊後ずっと経済が停滞していましたし、イギリスはどんどん、どんどん経済がよくなった。では、イギリス人は何が不満なのでしょうか。20年で日本を追い越してしまうぐらい、経済がよくなったじゃないかということです。

金融が伸びて製造業が停滞

問題は、イギリス経済を引っ張っていったのは、どの経済部門かということです。引っ張っていった分野の代表は金融・保険です。サッチャー首相が金融ビックバン政策を取りまして、金融の自由化を行いました。それで、ロンドンが世界の金融センターになりました。東京、ロンドン、ニューヨークは、それぞれ8時間ずつ時差がありますから、東京が閉じたらロンドンが開く、ロンドンが閉じたらニューヨークが開く、という具合に24時間世界の金融が動く。ロンドはその一角を占める金融センターになったわけです。したがって、金融部門がものすごく伸びます。

一方で、金融が伸びるにつれて、イギリスの通貨が非常に強くなっていきます。円高を考えてみていただけるといいのですが、自国の通貨が強くなると、ものづくりをして輸出するには厳しくなりますね。そうすると製造業がどんどん落ち込んでいきます。イギリスは、世界で初めて産業革命を成し遂げた国です。近代的な産業部門をつくってきました。鉄道をつくり、それからロールスロイスに代表される世界に誇る自動車を生産してきたわけですけれども、現在は見る影もないところまで落ちてしまいました。世界の国々の経済全体に占める金融の比重をみますと、アメリカとイギリスがGDP対比で金融の規模が大変大きいということが分かります。

製造業を支えてきた労働者がトランプを支持

米国も似たような状況にあります。一番鍵となったのは、ラストベルト、「錆びついていく地帯」です。五大湖周辺には自動車産業が集まっています。この地域はアメリカ経済を支えてきました。当然労働組合も非常に強く、伝統的に民主党を支持していた人たちが多くいました。ところが、経済が金融中心になって製造業が没落しますと、自分たちを守ってくれるのはグローバリゼーションではないという気持ちを強くもつようになりました。祖父母の代から民主党を支持してきた人たちが、こぞってトランプに投票したわけです。

イギリスも同じように、金融で栄えているロンドンはEU残留派です。けれども、周りの工業地帯、産業革命以降イギリスの経済を支えてきた地方都市は、みんなEU離脱派に回ってしまったのです。

日本にとっても他人事ではない

実はこれは日本にとって、人ごとではないのです。日本の中位所得が下がってきているのです。中位所得について説明しましょう。「平均所得」というのは、文字どおりアベレージです。例えば、10人いてみんな100万ずつしか稼いでいなくて、1人だけ9億何千万稼いでいるとします。平均すると一人1億ぐらいの稼ぎになります。しかし、実際には9人は100万円しか稼いでいないわけです。中位所得というのは、10人並べて真ん中、5人目がちょうど真ん中ですね。いわゆる中間層ということです。もう少し詳しく言うと、真ん中にいる人の所得の2倍までは、中間層です。そういうふうに考えて、その中間層の所得がどうなっているかというところを見ると、昔はそこがしっかりと膨らんでいました。「一億総中流」という言葉が日本にありましたけれども、みんな中流感を持っていたわけです。それが、大きく下がってきています。

現在、日本経済はわずかながらですが上を向いています。そうした中で真ん中の人の所得が下がっているということは、全体的に下にずれている。つまり、一部のものすごい金持ちがいて、中間のところが膨れていないという状態があり、中間層の下の部分が、貧困層に没落しているということです。つまりごく一部が豊かになり、二分化しているということを表しています。昔は日本の経済を支えた生産労働者たちが多くいました。典型的には多摩ニュータウンのような団地に住んでいて、元気よく働いていた、いわゆる中間層のシンボルのような存在です。今はマンモス団地がすっかり衰退してしまいました。

グローバル化で難民問題も深刻化

難民問題も深刻です。グローバル化が進行する中で、人の流れはどんどん自由になっています。世界で起こっている問題が他人事ではなくて、自分たちの問題として、生活の中に流れ込んできています。このスライドは、ＥＵがどのくらい難民を受け入れているかということを示しています。ドイツが頑張っているのに、どうしてイギリスは文句を言うのかという声もあると思いますけれども、実はイギリスはもっと早い時期に労働力に対して自由化を実施しているのです。例えば、東西対立が解けたあと、ドイツはしばらく東欧からの労働力の移動を認めなかったのです。ところが、イギリスはいち早く労働力の流入を認めて、90年代には数百万人もポーランド人やハンガリー人が、労働力としてイギリスに流入しました。その後、世界金融危機で経済が悪くなりましたが、一度流入した出稼ぎ移民は帰国しませんでした。そこに加えて、またシリアから労働者が押しかけてきました。こういう圧力に、イギリスは耐えられなかったということだろうと思います。毎年、今でも20万人の難民がイギリスに流れています。

経済学的な見方と政治学的な見方

さて、最後にこういう問題をどういうふうに考えたらいいかということですけれども、経済学では一般的に、「経済自由化をやめるのか、グローバル化をやめるのか」、という形で問題を立てません。安倍首相もヨーロッパに行って、トランプ大統領はいろいろ言っているけれども、ＥＵと日本で一緒に自由化を進めていこうと、話し合っています。しかし、政治学ではちょっと違った見方をします。政治学でみますと、20世紀に入ってグローバル化が進んでいくのですが、特に１９２９年の世界大恐慌のあと大きくグローバル化が後退します。70年代からまたグローバル化が始まってきますけれども、それもまた脱グローバル化ということで終息していくという風に見ます。むしろそれは当然なのだと言って、グローバル化の盛衰をあまり否定しません。経済の場合は、自由化が否定されると保護貿易になり、最後は戦争になるという言い方が一般的にされますけれども、政治学ではもう少し反グローバル化を積極的に見るわけです。

スライドのAの方は、経済学的な考え方です。グローバル化はいろいろな問題はあるけれども、今後も推進しなければならない。しかしいろんな副作用があるから、これは抑えなければならない。例えば第三の道と言って、一時イギリスのブレア首相が提唱したように、自由市場はベースとしながら、しかし福祉を行ったりニート対策などいろいろしながら、マイナス面をカバーしていくという考え方です。

Bの方の政治学の一部にある考え方は、ポランニーの言葉を借りると、「悪魔のひき臼」と言うものです。ポランニーはハンガリー人なのですが、実はこの「悪魔のひき臼」という言い方は、イギリスの画家であり詩人でもあるウィリアム・ブレイクという人が使った言葉なのです。どういう意味かというと、市場原理がどんどん進行することによって、既存の社会のつながり、共同体のつながりが解体されていって、社会がばらばらになって人々がアトム化するのだということです。アトムというのは原子です。つまり、一人一人がばらばらで孤立してしまうのだという考え方です。だから、しっかりと共同体を守らなければいけないのだけれども、グローバル化はそうした共同体を守ってくれない。

では、誰が守ってくれるのか。国家だったり、または共同体の自分自身たちだ、ということになります。したがって、強い国家を求め保護主義化していく。場合によっては、独裁化することになる。また、「○○ファースト」という考え方になる。先ほども出てきましたけれども、一番最初に言い出したのは「ブリテン・ファースト」という、イギリスの右翼系のグループです。トランプ氏は「アメリカ・ファースト」という言い方をしました。要するに、自分たちの国、または共同体を優先する、そういう意識を持つ人が増えてきたということが言えます。特にグローバルな潮流に失望感を持った国民、つまり没落した中間層です。昔は中間層が非常に厚かったといえます。そこが国を支えていたのですが、まさにその中間層が没落しました。中間層は何を持っていたかというと、「社会的中間組織」といわれる社会、地域のコミュニティ、労働組合などです。いろんな社会的ネットワークで強く結びついていました。そこが崩れてアトム化して、砂のように貧困層に没落していったということだと思います。そういう中で、何を選択しようか、国民が非常に迷っているというのが現状だと思います。

コミュニティを再生して社会システムを再構築

時間になりましたので一言だけまとめますと、ではどうすればいいのかということが重要なテーマになってくると思います。まさにこれからの課題であるわけですけれども、一つは、これまでの価値観を見直して、社会システムを再構築して

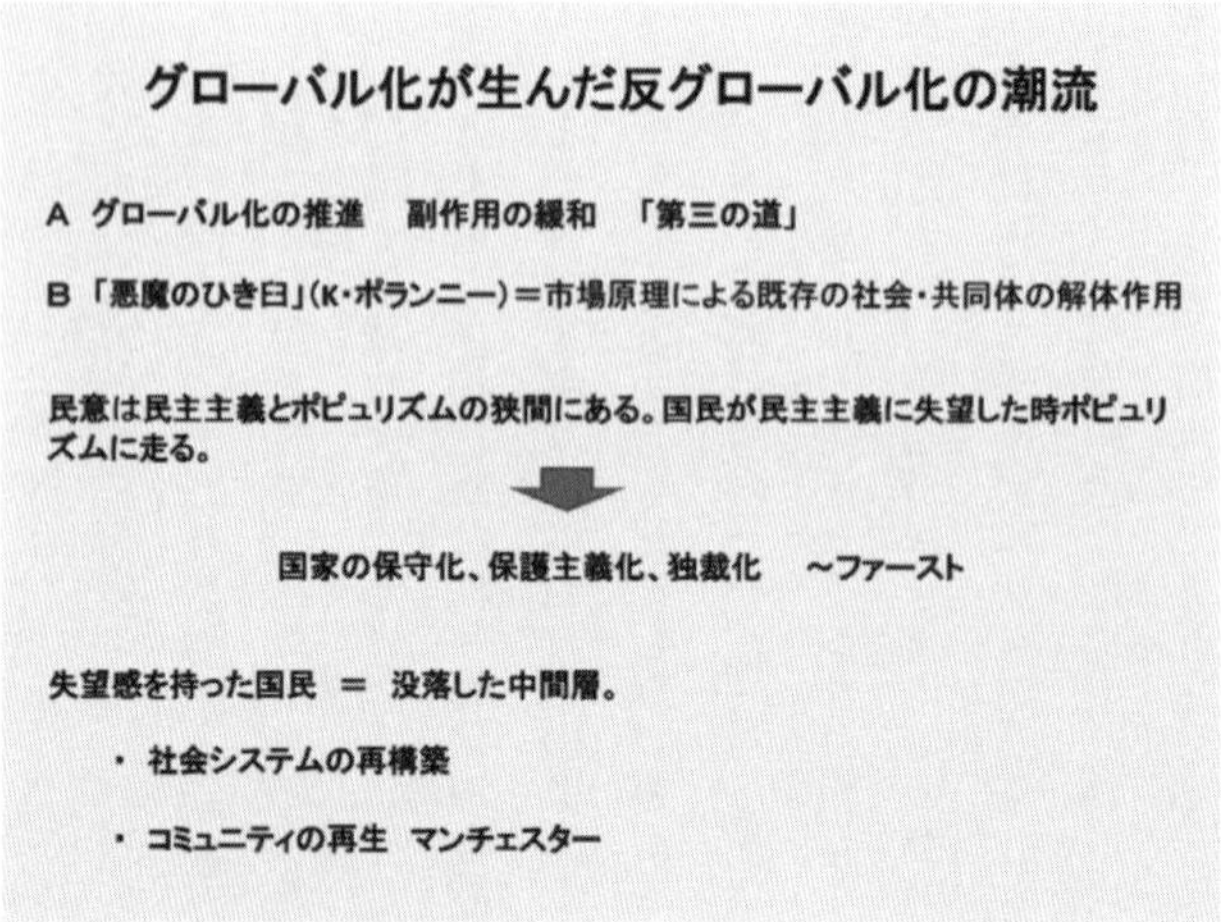
グローバル化が生んだ反グローバル化の潮流
A グローバル化の推進　副作用の緩和　「第三の道」
B 「悪魔のひき臼」(K・ポランニー)＝市場原理による既存の社会・共同体の解体作用
民意は民主主義とポピュリズムの狭間にある。国民が民主主義に失望した時ポピュリズムに走る。
国家の保守化、保護主義化、独裁化　～ファースト
失望感を持った国民　＝　没落した中間層。
・社会システムの再構築
・コミュニティの再生　マンチェスター

いくということも必要だと思います。それから、なによりも崩れ去った中間層の再生が必要かと思います。特にコミュニティの再生です。コミュニティが崩壊したことによって、生活を守る主体が失われたということがありますので、コミュニティをどうやって再生するかということがグローバル化に対抗する鍵になります。私たちが注目しているのは、まさに産業革命の中心だったマンチェスターです。繊維産業でリバプールから綿花を運んでマンチェスターで作って、またリバプールから輸出していった、その生産の中心だったマンチェスターが、製造業の

衰退で、都市としても市民社会としても大きく一回落ち込むのですが、その後再生します。

よく調べてみると、その鍵はコミュニティの再生です。グローバル化の中で、自らのコミュニティをどうやって再生するのかという実験がマンチェスターで進められています。これがうまくいくと、グローバル化の衝撃を緩和することができるのではないかと思います。反グローバルが唯一の選択肢ではないということです。

時間になりましたので、これで終わります。ありがとうございました。

パネルディスカッション

反グローバル化にどう向き合うか

登壇者：ビル・エモット
小野　誠英
田口　雅弘

進　行：杉山　慎策

ビル・エモット
元エコノミスト誌編集長・就実大学経営学部経営学科客員教授
1956年イギリス生まれ。80年に英エコノミスト誌ブリュッセル支局に参加。ロンドンでの同誌経済担当記者を経て83年に来日。東京支局長としてアジアを担当。86年に金融担当部長として帰国。その後ビジネス部門編集長となり、1993~2006年、同誌編集長を務める。1989年、日本のバブル崩壊を予測した『日はまた沈む』がベストセラーに。2006年には日本の経済復活を宣言した『日はまた昇る』が再び話題となる。2016年4月旭日中綬章受章。
【著書】『日はまた沈む』(1989)、『日はまた昇る』(2006)、『アジア三国志』(2008)、『西洋の終わり:世界の繁栄を取り戻すために』(近刊:日本経済新聞社)他多数

小野　誠英
株式会社三菱総合研究所常勤顧問
1950年倉敷市生まれ。東京大学経済学部卒業後、1975年三菱商事入社。2003年ハーバード・ビジネススクールAMP修了。香港や米国等同社海外拠点に勤務された後、エムシー金属資源(株)副社長、執行役員非鉄金属本部長、常務執行役員経営企画本部長、米国三菱商事会社社長を歴任され、同社の国際事業を牽引されてきた。2013年同社退職後、株式会社三菱総合研究所に移られ、代表取締役専務、同副社長を経て現在常勤顧問として活躍されている。
この間、Japan Society New York 副会長、ニューヨーク商工会議所会頭等に就任するなど、在米日本企業の取りまとめ役を果たされた。また豊富な海外経験から岡山県倉敷市の各種のアドバイザーを務められている。

田
雅弘
岡山
岡山大学院社会文化科学研究科教授
策論。学院社会文化科学研究科副研究科長・教授。専門は、移行経済論、経済政
計画統計域は、現代ポーランド経済史、ポーランド経済政策論。ワルシャワ中央
程後期単位GPiS)経済学修士学位取得卒業、京都大学大学院経済学研究科博士課
客員研究員学(京都大学博士)。ハーバード大学ヨーロッパ研究センター(CES)
【著書】:『ポーンド科学アカデミー(PAN)客員教授等を経て現職。
2005年)、『現制転換論～システム崩壊と生成の政治経済学』(御茶の水書房、
部、2013年)他。ンド経済発展論～成長と危機の政治経済学』(岡山大学経済学

杉山　お三方から大変素晴らしい基調講演をしていただきまして、いろいろなインサイトが得られたのではないかと思います。

冒頭に基調講演をされましたビル・エモットさんのご著書が、7月10日に日経新聞から発売になります。英語のタイトルが『THE FATE OF THE WEST』で、これを「西洋」と訳すのか、「西方」と訳すのか、「Fate」を運命と訳すのかというのは、月曜日になると発売されるのでわかると思います。実は100年前に、ヨーロッパでベストセラーになった本があります。それは、オスヴァルト・シュペングラーが書いた『西洋の没落』という本です。英語のタイトルは『THE DECLINE OF THE WEST』ですが、日本のタイトルでは『西洋の没落』と訳しています。

最初にエモット先生にお伺いしたいのですけれども、『THE DECLINE OF THE WEST』というシュペングラーの本があって、それで『THE FATE OF THE WEST』という本のタイトルに行き着いたのか、何か関連があって付けられたのでしょうか。そこのところを最初にお伺いします。

我々は今、転換期にいる

エモット　おっしゃる通り、シュペングラーの本が100年前に出たときは『THE DECLINE OF THE WEST』というタイトルで出ていますので、意図的に『THE FATE OF THE WEST』を選びました。

シュペングラーの場合には、西洋が没落するというように予告をしているわけですけれども、私の方のタイトルは違う名前にしました。それは、今我々がちょうど転換期に来ていると思っているからです。ですので、これから没落をしていくのか、そして西洋をもっとプッシュしていかなければいけないのか、あるいは回復をして新しい繁栄の時期が来るのか、それは我々がこれからすることによって、いい方向に行くのか悪い方向に行くのかが決まるということで、このタイトルにしました。

　このタイトルの日本語訳に関しましては、日経新聞と随分議論をしました。日経が決めた日本語訳は、私の印象では否定的な印象が強すぎるように思いました。それでサブタイトルを付けて、サブタイトルを変えて、もっと肯定的な内容にしています。予告をするのではなくて、疑問形というかたちのサブタイトルに変えました。「運命」という言葉も出て来たのですけれど、それを英語で言うと「Destiny」ということになります。それをグーグルで調べてみますと、星占いのようなサイトがたくさん出てきますので、本のタイトルとしてはあまりよろしくないということで、マーケティングの判断がそういうところで入ってきました。

杉山　ありがとうございます。

　あまり名前のことについてお話をするところではないのですが、『西洋の没落』というイメージがあって、今度は西洋の運命ということで、エモット先生の持たれる

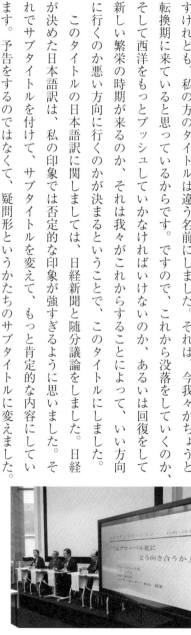

二つが重ね合うようになればいいと思いますので、おそらく大ベストセラーになるのではないかなと予測しております。

グローバル化で豊かになるのか没落するのか？

杉山　今エモット先生が、ターニングポイントだとお話しされましたが、これからもう一回グローバリゼーションが進んで、もっと豊かになって、もっと高齢化社会になるかどうかということで、田口先生は、シナリオA、Bというかたちで、グローバルの大きな転換点に向けて、第三の道で、双方を調和させながら伸びていくという道と、もう一つは、ポランニーの言う、要するに、ある意味ではシュペングラーが予測したように、西洋は没落するという方向に行ってしまうのかというお話をされていました。そこのところを、田口先生ご自身はどのようにお考えになられているのか、ご意見をいただけますでしょうか。

自分たちの生活を守るシステムを自ら作る

田口　ありがとうございます。

基本的な問題としては、グローバリゼーションが私たちの生活を豊かにしてくれるのかということになるのですね。確かに国家経済は大きくなりますし、世界中、隅々までその富が行き渡るという側面はあるのですけれども、しかし、一人一人の生活をグローバリゼーションが守ってくれるかというと、それはないですね。では、一人一人の生活、特に弱者の生活を守ってくれるのは誰かというと、国家・社会の保障制度です。つまり国家またはコミュニティ、さらに先進国で言うと、ＮＰＯなどを含めたいわゆる中間組織など、社会を支えるためのいろいろな組織が社会には埋め込まれているのです。そういうところが個人の生活を守ってくれる。では、グローバリゼーションが発展するとそういう組織は拡大するのかというと、先ほども申し上げましたように、逆に崩壊していって、人々の生活を守る主体的な制度がなくなるわけです。そうすると、やはりグローバリゼーションはグローバリゼーションで広がっていくのだろうけれど、私たちはもっと意識的に、自分たちの生活を守るシステムとかネットワークを、自ら作っていかないといけないと思います。

杉山　ありがとうございました。

今の日本は、もう少しあとでもう一度、田口先生にお聞きしたいんですけれど、ピケティさんやアンソニー・アトキンソンさんの考えと一緒に、こういうことをやったらいいのではないかというポイントをお聞きしたいのですけれど、その前に小野先生にちょっとお聞きしたいと思います。

政策面でのポイントは？

杉山　小野先生は、ＡＩとかＩｏＴとかポジティブなお話で、人口減になろうと高齢化社会になろうと、ＩｏＴやＡＩがどんどん拡大していき、バラ色の未来が開けている。と言いながら、実は田口先生のチャートの中にもありましたけれども、アメリカそのものは、ジニ係数が上がってきていて、つまり極端な格差が生まれてきているということがあって、小野先生の中でも触れられましたけれど、最近は、税制改革とかがあまりにもたがが緩んでいるというと言葉が汚いかもしれませんが、お金持ちの人はもっとお金持ちになるという政策に変わってきています。もう少し、政策面とかそういうところでも、変えていかなければいけないところがあるのではないかと思うのですけれど、ご意見をお伺いしてもよろしいでしょうか。

グローバリゼーションは必然である

小野　私は、グローバリゼーションというのはいいとか悪いではなくて、必然的に起きていくもので、そういうように世の中は変わっていくものだと思います。第一次産業革命、第二次産業革命と、産業革命が起きるたびに勝者と敗者というのが必ず出てきているわけです。第一次産業革命でも、古い産業をやっていた人は不幸になって、新興産業ができるというように、技術が出てくることによって社会が変わっていくわけです。それは国内でもそうです。例えば、いま全部が自由貿易になったら、ベトナムだとか発展途上国はどうなるんだと。全部そんなことはできないわけです。その証拠に、日本は戦後自由貿易をやったわけではなくて、当時の通産省が、産業政策をかなりしっかりやったわけです。だから、国を守るという産業政策をやりながら、なおかつグローバリゼーションの中でキャッチアップしていくということが、ひとつ必要だということです。

フェアな税制で弱者を救うべき

小野 それと、私が先ほどお話をしましたように、税制は重要なのです。どうもやはり、金持ちに有利な税制や政策は作りやすいのです。特にアメリカの場合は、いわゆる選挙の寄付金（ドネーション）をたくさんする人はみんな金持ちなのです。民主党は、当時は労働組合からお金をもらっていたけれども、クリントン夫妻がウォールストリートからかなりもらったわけです。それに対して、旧民主党の党員は強い嫌気がさしたのです。そういう意味では、税制もやっぱりフェアでなければいけないし、弱者を助ける、落ちこぼれた人の教育をやっていくということをやりながらグローバリゼーションを乗り越えていくという政府の役割というものが、私はすごく重要だと思います。

杉山 いま岡山で言いますと、中国銀行さんやトマト銀行さんと話をしていると、岡山にかなり年配のご両親が住んでいらっしゃって、その方たちがお亡くなりにな

ると、実は子どもさんたちがみんな東京に住んでいて、資産売却をし、すべての資産が音を立てて東京に流れていく。これからは数億単位とかもっとすごい金額が東京に流れ込むということで、何とかこれが岡山に残って、岡山の産業、岡山の地域のために生かされるといいと思うのですけれど、そのためにも、よっぽどしっかり勉強をして、このお金をどう生かすのかというフィンテックの力が必要になるのかと思います。

先ほど小野先生が教育の力とおっしゃいましたが、今日は実は学生の数が少ないので、非常にがっかりしております。本当はもっとたくさんの学生が出てきてくれて、こういう話を聞かないと損をして、なかなかグローバリゼーションの変化の中で生きていくのが難しくなるのではないかというメッセージを与えられたのかなと思っています。

オープンネスとイクォリティー

杉山　ちょっと話を戻しまして、今日のテーマであるグローバリゼーションですが、ビル・エモット先生のお話の中で、私は定義は二つあるというように理解をしました。それは、オープンネス（openness）とイクォリティー（equality）です。開放されているかどうかということ。開放されているということは、資本とか人とか物とか情報とかが自由に行き交いできる、つまり、フェイスブックはもう20億人を集めてしまったのですけれども、そういうことが自由に本当に行われているかどうかということと、Equality という平等性。たぶん、機会の平等というのは明らかにあるのだろうと思います。今日来ていない学生たちを叱らないといけないのですが、機会は与えられているけれど、これを利用しなかったら結果としては不平等になってしまいます。機会の平等を極限まで与えたとしても、結果として不平等になる。だから、何らかの税制とか法的な手段などで救っていかないといけないということになると思うのです。

エモット先生、オープンネスとイクォリティーという二つの言葉をキーワードとしてお使いになったのですけれども、ここをもう少しご説明いただけないでしょうか。

エモット　こういう言葉を、今ある状況の中でグローバリゼーションと関連付けてだけ考えるということは、たぶん間違いなのだろうと思うのです。そういう考え方をすると、まるで何か新しい現象のように考えてしまいますけれども、この自由な市場主義のマーケットというのは、もう何百年も存在しているものです。

平等の投資で社会変化を乗り越える

エモット　実際に開かれた市場経済において、市場原理による経済というのは、非常に早い成長を遂げていますけれども、それによって社会的な秩序の変化、あるいは社会的な秩序の混乱というのが起きます。先ほど小野さんからお話がありましたように、産業革命によってもそういう混乱が起きています。

確かに、そういうふうに社会の変化だとか社会の混乱が起きていくわけですけれども、毎回そういうことを乗り越えて、我々の社会はずっと成長してきています。そこで、平等さということをさらに促進することによって、社会の変化に対応しようとしています。非常に積極的な、野心的な対策を実行して、それでもそこに住まう市民の人たちが、自分たちもその社会の一員なんだという気持ちになる、そういう対応をしています。

19世紀、20世紀に産業革命が起きたときに、我々は選挙で投票できる人たちの数を劇的に増やしていきました。そしてまた、公共に関する投資をしまして、普遍的な無料の教育をすべての国の子どもたちに提供できるようにしました。こういう投資は、平等のための投資です。

１９４５年から、平等のための教育というのも劇的に拡大されました。日本、イギリス、アメリカにおいて行われてきました。そしてまた、公共のお金を、福祉のためにもかなり劇的に投資額を増やしていきました。それによりまして、年金、医療、それから子どものための福祉、失業者のための投資を行ってきました。これらはすべて、平等に対しての投資であります。

今言っているようなことは、何も今始まった新しいことではありません。アダム・スミスという経済学の創始者が、200年前に『国富論』という1冊の本を書いています。これはまさに、開放された市場原理の経済についての本であります。それからもう一つ、『道徳感情論』を出していまして、これは、市民・国民という人たちが社会に対して道徳的な責任を持っているということを書いた本であります。

門戸を開放すれば没落は避けられる

エモット　私が今お話ししたいのは、シュペングラーが言ったような没落や、さっき田口先生がおっしゃったようなシナリオBになるのを避けるために、我々は新しい公共の資産に新たに投資をして、そして平等性を担保していく必要があるということです。ドアを閉ざすのではなく、公共のお金を福祉それから教育に使っていく、それによって社会のモビリティーをさらに促進していけるようにしていくことが大切だと思います。そして社会に住む人たちが、個人の安全保障があるという気持ちを持って生活できることが重要であると思います。そして、我々が門戸を開放している限り、我々は没落を避けていくことができると思います。

杉山　ありがとうございます。

産業革命前にアダム・スミスが書いた本ですが、この『国富論』と『道徳感情論』は非常に大切な本なので学生たちにもぜひ読んでほしいなと思います。

実は、自由に交易をするとか、いいものを求めるというのはもっと昔からありまして、縄文時代に翡翠《ひすい》が古墳から出てくるのですけれども、その翡翠はすべて新潟県の糸魚川で発掘されていて、それが日本全国の縄文遺跡に散らばっています。だから、私たちからみると縄文時代は非常にプリミティブで交易が行われていなかったように思われるかもしれませんが、実はその時代から盛んに交易がなされていて、人々はいいものを求めて動き、ものも動いた、そういうことをやっていたのだと思います。

教育の問題などが出てきたのですけれども、アダム・スミスのお話が出たので、田口先生には、グローバリゼーションにはオープンネスとイクォリティーが非常に大切だという定義が、エモット先生から出されたのですが、何かこれについてコメントをいただけますでしょうか。

今は自由競争より平等を確保する時代

田口　経済においては非常に難しい問題で、時代によって強調されるものが違いますね。エモット先生の前でイギリスの例を出すのはちょっと恥ずかしいのですけれども、例えばイギリスで言うと、戦後直ぐの時代というのは国営企業が中心になって、国民の生活を守ったり支えたり、国が経済の面倒を見るようなかたちで経済をまとめてきたのです。それは、混合経済といって成功したと評価されています。けれども、経済が立ち上がってきて60年代になると、一方で、日本がウサギ小屋とか過労死とかいろいろ揶揄《やゆ》されながら、必死で働き始めて輸出を伸ばしていく中、イギリスはせっかく作り上げた福祉と平等を、世界から先進国病とかイギリス病と言われて批判されるのです。そして実際に競争に負けていくわけです。そこで出てくるのがサッチャーです。今度は、そういう平等や国家の保障というものを捨てて、炭坑を閉鎖し、国有企業を民営化し、金融ビックバンをして、イギリス経済を立ち直らせるわけです。そのときは、みんなやっぱり自由主義は素晴らしいと評価しました。しかし、また同じことの繰り返しになるわけですけれども、問題が出てくると今度はブレアが出てきて第三の道、駄目になるとまた次にキャメロンが出てきて自由化と、結局繰り返しているわけです。

　では、どちらが正しいのかと言われると、それはやはりどちらが正しいではなくて、その時その時の問題をどういう方法で解決できるかというように経済学は考えます。そうすると、現在は、自由化で競争力を高めるよりは、平等を確保し、教育に投資し、健全な社会を作ったほうが、経済効率という意味ではなくて社会効率としてむしろ高いのではないかという判断になってきているのかなと思います。だから、将来はまたしばらくすると、やっぱり自由化だという声が出てくる時代が来るのかもしれません。そのように、今の時代というのは、まさにエモット先生が言わ

れたような政策を、徹底的にやらなければならない時代だと思います。

杉山　ありがとうございます。

小野先生にお伺いしたいのですけれど、アメリカというのは、ある意味では大学教育の費用が数百万とか4、500万とか言われて非常に高いし、それからオバマケアができたので、皆保険制に近づいてきているのだろうと思うのですけれど、まだそれは完ぺきではない。そういう社会正義というようなところで、オープンネス(openness)だけをある意味ではアメリカは極端に突き詰めていったので、今日のような格差が生まれたということがあるのかもわからないし、その結果として、アメリカはシニカルなんですけれども、最もお金持ちのトランプが大統領に選ばれたということがあると思うのです。小野先生は、この開放性(openness)と平等(equality)という観点で考えると、これからアメリカはどのように変えていくべきだとお考えでしょうか。

アメリカは再チャレンジを重んじる

小野　世の中の進歩といいますか、産業のタイムスパンは、昔は一つの産業が始まって衰退するまでが30年と言われていましたが、今はすごく短くなりまして、早く新しい産業をキャッチアップしていかないと、自分が入ったころにはそれが終わっているという、非常にめまぐるしい世の中になってきたので、やはりチャレンジしていかないと後追いになってしまう。

私はアメリカに2回駐在したのですが、アメリカのよいところというのは、チャレンジ精神がものすごく旺盛なのです。それから、失敗してももう一回再チャレンジできる。その再チャレンジをすることを、アメリカ人は最大の徳だと考えている。それでぜひ皆さんに読んでいただきたいのですが、フランス人が書いた『アメリカのデモクラシー』という本には、アメリカの歴史、成り立ちが書いてあります。アメリカ人は挑戦することが一番。それから、失敗してももう一回やりなおすことが一番。それから、一人で我慢して耐え抜く。この三つを最大の徳と見ているのです。これが、今のアメリカのイノベーションやアメリカンドリームを生んでいるのです。ただ元来、「アメリカンドリーム」といって、成功した人をものすごくたたえるのだけれども、それは極端過ぎて、そうでない社会の底辺にいる人たちに対する支えが少なくなってきてしまった。だから、一方でシリコンバレーだとかものすごく頂点にいる人を支えると同時に、社会的に成り立たなくなった人を支える。特に、教育に対する考え方が日本と大きく違うのです。

日本の強みは徹底した教育

小野　僕が日本は素晴らしいと思うのは、こんなに教育が徹底している国は他にはないです。一つの例を挙げますと、オバマ政権時代に、国のお金がなくなって何を締め付けたかというと、警察の数を減らす、消防隊を減らす、それから公立学校の先生を減らしたんです。こんなことは日本では考えられないことです、やはり日本は、教育は非常に重要だと思っているから、底辺が非常に高い。僕はこれを徹底している限りは、日本は十分世界で戦えると。ただ、アメリカのように、ビル・ゲイツだとかジョブズみたいなのは出てこないかもわからないけれど、できればそういう人が出てきてほしいのだけれど、底辺が非常に高いというところは私は日本の強みだと思います。新しいことにチャレンジさせながら教育を徹底させていくということは明治時代からずっとやっているのだけれど、これをずっと支えていったら、私は世界で十分戦えるというふうに思っています。やはり両輪ではないでしょうかね。

杉山　ありがとうございます。

結果として不平等が生まれても、それを是正するための政策というのは同時にあるので、多分小野先生がおっしゃるように、最初の段階ではチャレンジ精神が旺盛な人たちがリードしていって、変革を起こしていくことが大切なんだろうと思います。

最近、ピケティの『21世紀の資本』とか、彼の師匠であるアトキンソンさんの『21世紀の不平等』。不平等という観点で注目されるのがアトキンソンさんですけれども、エモット先生は、ピケティの考えやアトキンソンさんの考え方についてはどのように考えられているか、コメントをいただけますでしょうか。

収入の不平等がもたらす影響

エモット　彼らが、政治的それから社会的な進展を理解するという意味におきまして、収入の平等に関するコメントを分析していて、それは非常に重要なことであると思っています。

収入の不平等さによって起こっていることは二つあります。そこに、私は非常に興味を持っています。一つは、収入が不平等であるという状況が起きてしまうと、教育の機会に不平等が生まれてしまうことになります。そうすると、富のある者だけが最善の教育にアクセスをすることができる。そして、組織の下にいる人たちはそこから抜け出せないということになります。

二つ目ですけれども、富のバランスが平等でないということによって、バランスが崩れていくと、富を持っている人が政治それから民主主義に対して、自分たちが政治的なキャンペーンをしたり、財務的な金融のシステムを活用したりして、コントロールができてしまうというところがあります。ですから、貧しい人よりも富んでいる人の方が、政治に対する影響力を持つことができるという問題があります。先ほど小野さんのスライドを見せていただきましたが、トランプ政権の官僚に、本当

にミリオネアという大金持ちの人たちがたくさんいる。ということは、将来の税制を自分たちの有利に運ぶことができる影響力を持っているということを表していますす。ですので、収入あるいは富が平等でないということによって、富を持っていない人たちの政治に対する意見をなかなか聞いてもらえないという問題が生まれます。

簡単ですけれども、もう一言だけ言わせていただきたいと思います。実は100年前にアメリカで同じような状況がありました。ギルデッド・エイジ（ギルドの時代）というように言われていて、非常に不平等がはびこってしまった時代になりますけれど、そのときに共和党のセオドア・ルーズベルト大統領が、これに対して施策を講じていきました。それによって、例えばスタンダード・オイルのようなところの独占を打破する。そして教育に投資をして、相続税の改革を行っていきました。今の時代では、スタンダード・オイルに匹敵するのが、Google や Facebook になると思います。本当に独占的な企業になっています。

杉山　ありがとうございます。

ピケティ教授の『21世紀の資本』の中で、やはり累進課税を導入して、少し不平等を是正すべきだというように書いていますし、日本では先ほどお話しされたように、教育の不平等があると言われています。小野先生が出られた東京大学は、ご父兄の平均所得でみると、日本で一番お金持ちが行く大学になってしまっているということが、今起きているわけです。こういうことを是正していかないと強くならないだろうと思うのですけれど、小野先生、何かコメントを。

教育の平等が将来の日本の源泉

小野　私は貧しい家に育ったものですから、当時は年間の授業料が６０００円とかだから行けたのですけれど、今だったら行けなかったかもしれないですね。

教育の平等というのは、将来の日本、将来の社会を作る源泉だと思うのです。会社でも先行投資をするのと同じように、やはり喜んで教育にお金をつぎ込むとか奨学金を設立するとかをやっていかないと成り立たないと思うのです。今、私も少しだけ援助しているプロジェクトがあるのですけれど、そういうことをやっていかないと、東京に住んでいる金持ちだけがいい大学に行くというのは、やはり違和感を持ってしまいます。地方にも優秀な方がいっぱいいるから、そういう能力をいかんなく発揮させるようなシステムづくりを、それは国だけに頼るのではなくて、地域の社会そのものが支えながらやっていくという考えを持つ必要があると本当に思います。

私は東京に住んでいますが、東京の教育は、すさまじく受験向けの教育をやっているのです。私はこれはいかがなものかと思っているので、ぜひ岡山でも、やはり若い人たちを支援して、優秀な学生さんをたくさんつくっていくということを、地

域ぐるみでやってほしいなと思います。ぜひ先生にもお願いしたいと思います。

杉山　ありがとうございます。

教育の問題が出たので、田口先生、いかがでしょうか。東京大学の悪口を言うわけではないのですが、東京大学は実は地方大学で、東京大学に行くためには、一、お金持ちであり、二、東京近辺に住んでないと行けません、ということになると……。なので、本来ならば地域枠のようなかたちで、半数以上は東京ではない人たちを入れるべきだと思うのですけれど、機会の平等を与え過ぎると、結果として東大が地方大学になってしまうというところもあるのだろうと思うのです。

小野　ちょっと口を挟んでもいいですか。私が東大に入ったころは、8割方地方の人でした。それは、先ほど申し上げた授業料が、私立の大学に比べて10分の1とか20分の1だったからなのです。今はそこの差がないわけです。それで地方から行くと、授業料の差がなくても生活費がかかるわけです。私のところも子どもが大学に通っていましたけれど、自宅から通うとお金がかからない。やはりその差は、地方のディスアドバンテージであるから、それを支援するようなかたちにするべきです。僕の卒業したときには、8割方地方の人ばかりでしたよ。今はどうか知らないけれど。

杉山　田口先生、すいません。コメントをお願いします。

第4次産業革命は総合力で勝負

田口　ちょっとピケティの話に戻りますが、ピケティの『21世紀の資本』の本を見て、特に面白いなと思ったのは、19世紀はものすごく所得格差が大きかったのですね。そして、一回、戦後かなり平等化が進んで、最近になってまた格差が大きくなった。それをどのようにピケティが分析しているかというと、結論から言うと、不動産ですね。不動産を持っている人たちの所得が、大きく増えたというところがあるのだと思います。そうすると、不動産を持った家に生まれれば、それを引き継いでいい教育を受けることができるし、持っていなければ、いい教育を受けられないというものが、世代間で固定していくという状況になってきているのかなと思います。

　そのように考えると将来は暗く見えるのですけれども、やはり私たちの目の前にあるのは、小野先生の言われている第四次産業革命で、これによって格差がさらに拡大するのか、それとも縮小するのかというのが、私は非常に興味のあるところなのです。もちろん、ものすごいエリート、頭のいい技術を持った人たちが一部にいて、その人たちが引っ張っていくという側面もあるかもしれません。しかし、第四次産業革命の中で日本が勝負できるとしたら、やはり日本は総合力だと思いますね。

ここからは小野先生に聞きたいのですけれども、ＡＩだけ開発しても仕方がなくて、これをどのように産業の中に埋め込んで利用していくかというのは、中小企業を含めてどういうネットワークを作るとか、それをどう動かしていくか、そういうところになるわけです。日本が昔から総合力が強いというのは、教育水準が非常に全体的に底から高くて、全員が中の上以上のところにいる。ここが日本の強みだと思います。ですから、こうした公的教育をもっとしっかり再構築していくと、日本の将来は明るいのではないかなと、専門ではないのですけれども考えています。

杉山　小野先生、いかがでしょうか。

産業力でＡＩを活用すれば十分戦える

小野　おっしゃる通りで、ＡＩの開発やＩＴの技術開発に関しては、アメリカの予算は日本の経産省の予算と2桁くらい違うのです。10倍ではなくて１００倍くらい予算をとっている。これに追いつくというのは非常に難しい。ただ、できたＡＩの技術やＩＴの技術のアプリケーションになると、やはり日本は十分に戦える。

この間もさっき話した松尾先生と話していると、ＩＴみたいなものは英語だから、英語で世界中を席巻するけれども、ＡＩというのは産業ごとに使い方が異なるので、何も英語でなければいけないということではない。○○産業、△△産業で十分にアプリケーションができるから、産業力の強い日本は、ＡＩを活用することで十分戦えるのではないかと言われました。僕もそうではないかと思います。アプリケーションのところは十分戦えると思いますから、そういうところに日本の総合力とか組み合わせとか、すり合わせとか、そういう技術を持っていったらいいのかなと。

ただ、もうちょっとシリコンバレーあたりに行って、日本人も新しい技術を開発するような支援というかチャレンジをやっていかないと、先進技術は全部アメリカで開発されるというのはちょっと寂しいかなと思うので、トライしていただきたいですね。

杉山　ありがとうございます。

たぶん、ほかの方も発言したいことが山のようにあると思いますが、あと10分少々なので、せっかくなのでフロアの方から質問を受けたいと思います。どなたか質問がございますか。お名前と、どなたにお伺いしたいかということを話していただいてお願いいします。

会場　小野さんにお伺いしたいと思います。日米のイノベーション開発の問題について、アメリカに比べて日本の研究開発政策は、安倍政権の政策を見てもはなはだ不十分だと思っていますが、いかがお考えでしょうか。

もう一点は、今日小野さんが言われたシェールについて、中国の埋蔵量が多いと聞いたことがありますが、今後はどのようにこの問題が展開していくのでしょうか。それぞれ短くコメントをいただけますか。

中国は水を使わないシェールガスを開発中

小野　まず、シェールなのですけれど、中国の埋蔵量は多いです。これは確認していまして、タリム盆地に大きなシェール層があるのです。ただ、先ほど画面では正確に申し上げなかったのですけれど、今の技術は、上から水圧破砕といいまして、水と小さな砂を使うんです。水で頁岩を割り、そこに微細な砂を送りこむわけです。そうすると割れたものが縮まないのです。砂をやって開いたままシェールガスや石油が降りてくるという仕掛けで、必要なものは砂と水です。ところが、このタリム盆地には水がない。これが今開発できない最大の理由です。ただ、水なしのシェール開発という技術に、ベンチャー企業がお金を出そうとしています。私がアメリカから帰ってくるときに、三菱とやらないかと言われたんですけれど、大変お金がかかるし、しかもお金をかけたからといってできるわけではないので実行しませんでした。中国はきっと、そういう水を使わないシェールガス、シェールオイルの開発研究を、ものすごくやっていると思います。これは何年でできるかわからないけれど、そのうちできるようになるかもわからない。やっていることは事実です。

日本政府は研究開発にお金をかけるべき

小野　最初のイノベーション開発も戦略組織を作って、その一環として、先ほど申し上げた戦闘機の問題もそうなのですけれど、やっぱりアメリカのいいところというか、政府がお金をつぎ込んで、ある程度成功するまで続けるのです。日本政府は、最初にお金を出してちょっと目鼻が立ちそうになると、もう君たちでできるだろうと民間に任せる。私は経産省に何回も文句を言ったんです。コマーシャライズするまでやらないと駄目だと。ちょっとお金の出し方に差がありすぎますよね。ＴＯＹＯＴＡさんは、シリコンバレーにＡＩの有名な人を集めてやっている。ああいう大企業に頼まざるを得ないというのは、国家戦略としては非常に寂しいものがあると私は思います。内閣官房に友達がいるのでよく言うのですけれど、残念ながらなかなか実現しません。

会場　ありがとうございました。

杉山　ありがとうございます。
ほかにご質問がございますでしょうか。どうぞ。

会場　今日は大変参考になるお話ありがとうございました。小野先生にお伺いしたいと思います。私は実は商社出身ですけれども、商社ビジネスをＡＩという切り口で考えると、従来のビジネスモデルを続けることは、私は不可能だと思っております。つまり、仕入れて売ってその差額がフィーになるという、従来型の商社のモデルというものが、大きく変わるのではないかという仮説を持っておりますが、ご意見をいただけますか。

商社とＡＩ

小野　実は、商社冬の時代とか商社不要論というのが80年代、90年代にありまして、90年代にビジネスモデルが変わりまして、今は商事会社が、いわゆるモノの売り買いで利益を上げているのは１割です。９割が投資。三菱商事の話をしますと１３００社くらい子会社があるのですけれど、その子会社の利益が全部親会社に回ってきているということです。90年代にビジネスモデルを変えまして、モノの売り買いで商社が利益を上げる時代は終わりました。95年くらいから投資の方にずっと動いていきましたから、これからも例えばＡＩを使った企業に金をつぎ込んで、そこでＡＩのビジネスをやるというかたちになります。

これは何も商事会社だけではなく、おそらくメーカーさんもそれぞれ開発費というのを持っていて、そういう新規の開発については、いわゆる新規事業部をつくって新規事業をそれぞれのフィールドでやっていると思います。今後も、そういう格好で進めるのではないかと思います。ただ、新規事業というのは「千三つ」で、死屍累々ではありますが、そういうのをやっていかなければなりません。

会場　ありがとうございました。問題点としては、大商社さんの場合はおっしゃる通りだと思っておりますが、実は日本の、例えばモノづくりでいくと2次、3次、下請けに対する商社というのはまだ多数あります。彼らは、〝千三つ〟の投資に耐えられるような資金は持っておりませんので、従来型のビジネスモデルにしがみついているというのが現状でございます。したがって、もし今日のお話の文脈の中で、中小企業にＡＩの恩恵が及んでいくとすると、ビジネスモデルを変える契機になるのがＡＩではないかというのが、実は私が勝手に頭の中に浮かべている楽観的なプロセスでもあるのです。あとで、もしお時間がありましたらお願いします。

杉山　ありがとうございます。

せっかくですから、最後にもう一つ質問を受けたいと思います。どなたかいらっしゃいませんか。学生からぜひ。

会場　経営学部1回生です。エモット先生にいいですか。先ほどの講演会で、（以下は英語で質問）ＥＵ離脱以降、イギリスの方たちは何をしたいと思っているのでしょうか。

エモット　私自身が、イギリス人がどういう状態にしたいのかということの考えがあるといいなと思っております。そういうことを、私自身も知りたいと思っております。

イギリスはどこへ向かうのか？

エモット　実際に今、例えば、優先順位はどうなのかというあたりもよくわからないというのが正直なところで、本当にある意味で混乱のまっただ中であると思います。そして中には、自分たちの覇権というところにまず優先順位を置くべきではないかと思っている人たちがいます。例えば、今までであれば政策決定は欧州連合に渡してしまっていましたけれども、そういう意思決定を、もう一度自分たちでできるようにしたいと思っている人たちがいます。

そして、経済的な繁栄を望むということを一番の優先順位にしてほしいという人たちが、たくさんいます。そしてまた、多くのイギリス人は大変国際的な観点を持っています。我々の最近の何十年間を含めた歴史を振り返ってみまして、かなり国際的な場面でイギリスの人たちは活躍しています。そして企業も国際的で、日本の企業がイギリスにおいて投資をすることを考えている状況もあります。それからまた、海外の企業にイギリスの会社が買収されるということもありますので、大変国際的です。そしてまた、移民の数が多い。最近特に多くなっています。フランスに比べてイギリスの方が多いというわけではないですけれども、変わらないくらいに移民の数が増えています。

イギリスは、ＥＵに１９７３年に加盟したのですけれども、どうして加盟したかというと、経済的にイギリスの方が劣っていると思っていたからです。先ほどもお話に出ていましたけれども、我々のモデルというのは混合経済ということで、これによって経済がかなり力を失っていました。そういう、フランス、ドイツと比べると経済力が劣っていたという状況があるので、それでＥＵに参加したいということになりました。

でも最近の状況を見てみますと、イギリスの人たちは、フランス、イタリアなど、南ヨーロッパのＥＵのほとんどの国と比べて、経済力が勝っていると感じているのです。それで世論としましては、ＥＵから離れた方が我々の経済力の拡大をさらに図っていけるだろうという、１９７３年、75年と比べると反対の考え方になっています。

今は混乱した状況にあります。これからどうなるかというと、やはりＥＵを離脱するということになると思いますけれど、でもＥＵとの距離感は近くに保っていたいと思っていると思います。ＥＵとつながることによる経済的なメリットというものを残しながら、政治的なデメリット、例えば自分たちの主権が失われるというところは、自分たちの主権を大切にして、経済的なメリットを享受していくということで、近所の友人というかたちでいたいと思っていると思います。

ですので、ヨーロッパの一員ではありたいと思っていますけれども、政治的にそれがどういう意味を持つのかということは、はっきりわかりません。

会場　ありがとうございました。

杉山　いろいろまだご質問もあるかと思いますけれども、時間となりましたので、これでパネルディスカッションを終わりたいと思います。

小野先生の方からは非常にポジティブに、いろいろと問題はあるけれどＡＩやＩｏＴが新しい産業の核になってくるので、その中で日本は教育に力を注いだらどうかというご提言をいただきました。

田口先生の方からは、非常に丁寧にマクロの経済データを使いながら、グローバリズムと反グローバリズムがせめぎ合っているけれど、その中で今、転換点に来ていて、それは経済停滞とか格差とか、金融が肥大化し過ぎているとか移民の問題があるので、これからいったい第三の道をどう目指していくべきかということについてのご提言がありました。

先ほど申し上げたエモット先生の本『THE FATE OF THE WEST』は、英語は5月に発売されています。イタリア語も発売されていますし、日本語版は日経新聞から7月10日に出ますので、ぜひ7月10日はアマゾンでクリックして下さい。クリック一つで購入できますので、ぜひ買っていただきたいと思います。

地球全体で下からみんなで豊かになろう

杉山　エモット先生のお話の中にもあって、最後のスピーチにもございましたけれども、おそらく私たちが生きている時代というのは、日本もイギリスも小さな、インディペンデントな島国ではなくて、世界とつながっているんだということだろうと思います。したがって、「誰が為に鐘は鳴る」の「誰が為に」は、日本だけ、イギリスだけということではなくて、私たち地球全体で、田口先生の方から話があったように、「ボトム・オブ・ザ・ピラミッド」というより「ベイス・オブ・ザ・ピラミッド」と言われましたが、だんだん下からみんなで豊かになる、そういう世界を一緒になって作っていけたらいいのではないかと思います。

本日は土曜日にもかかわらずたくさんのご参加をいただきまして、本当にありがとうございました。今後ともぜひよろしくお願いいたします。ぜひ3名の方に盛大な拍手をお願いします。

閉会の辞

就実大学経営学部経営学科長　谷口　憲治

本日は「グローバル化の新局面とわが国の対応」というテーマでフォーラムを開催させていただきましたが、土曜日にもかかわらず多数お出でいただきましたが、大変収穫の多いフォーラムとなり、お出でいただいた甲斐があったのではないかと思います。

今年で就実大学の経営学部も4年目の完成年度を迎え、これから継続的に発展させていくつもりでおります。

今日のグローバリズムと反グローバリズムの動きというのは非常に大きい問題で、岡山というローカルな地域の都市ではありますけれども、経営学部といたしましてもグローバルな視野から地域を考え行動できるグローカル人材を育成し、それによって地域が元気になっていくことが一番重要であると考えておりますので、今後とも本日のようなフォーラムを通じて、学生の教育だけでなく地域への提言や情報発信を積極的に行って行きたいと思っております。

今後もこの就実大学経営学部につきまして、皆さんのご支援をよろしくお願いしたいと思います。これを最後のあいさつに代えさせていただきます。ありがとうございました。

就実大学経営学部

現代社会が抱える多様な問題について、主にビジネスの観点から学ぶ学部。グローカルなマネジメント能力を身につけるカリキュラムで理論や実践を学び、ビジネスプロフェッショナルでありしかもグローカルな人材を育成する。グローカル人材とは、グローバルな視野を持ちながら、ローカルなニーズに対応できる人のこと。創立110周年を迎えた就実大学に2014年4月設置。

就実大学 / 就実短期大学 / 就実大学大学院

〒703-8516 岡山県岡山市中区西川原1-6-1
TEL：086-271-8111　FAX：086-271-8222
URL http://www.shujitsu.ac.jp/

グローバル化の新局面とわが国の対応

2018年8月21日　初版第1刷発行

編　者——就実大学経営学部
装　丁——佐藤豪人（HIDETO SATO DESIGN）
版　組——小林ちかゆき
編　集——金澤健吾
発　行——吉備人出版
〒700-0823　岡山市北区丸の内2丁目11-22
電話 086-235-3456　ファクス 086-234-3210
印刷所——株式会社三門印刷所
製本所——株式会社岡山みどり製本

ISBN978-4-86069-556-9　C0033